Sous-Vide

家庭料理の大革命

低温真空調理のレシピ

ストック編

川上文代

はじめに

低温真空調理は、ストック(保存)料理に最適です。

調味してから密閉し、一定の温度の湯の中で熱を加えます。加熱後は開封せずにそのまま手早く冷やせるため、旨みを閉じ込めたまま、菌の心配もなく、安全にストックでき、家庭でも安心して食べられます。

食材のストックは、真空にすると酸化せずに長持ちし、塩や醤油、砂糖などで調味すると、実は、生のままよりも日持ちします。

殺菌効果は、44℃より55℃、55℃より66℃と温度が上がるほど、高くなり、水分が少ないほど、保存期間も長くなります。また、袋ごと冷蔵や、冷凍が可能なため、容器などで場所を取ることもなく、少ないスペースで保管も容易です。

また、水での解凍や、湯での温め直しまで開封することなく一貫してでき、手間をかけずに調理できます。ジッパーつきの袋であれば、必要な分だけ取り出して再度空気を抜いてのストックも可能です。時間があるときに下味をつけて調理しておくと、いつでもしっとりしたおいしい食事を楽しむことができます。

低温真空調理のストックで、忙しい日々も手作りの絶品料理を堪能してください。

そのままストックして

さっと調理して

Contents

Chapter 1
55℃

Chapter 2
66℃

Chapter 3 77℃

Chapter 4 88℃

Chapter 5 44℃

Dessert

低温料理をする前に
◎小さじ1は5mℓ、大さじ1は15mℓ、1カップは200mℓです。
◎ごく少量の調味料の分量は「少々」で親指と人差し指でつまんだ分量になります。
◎「適量」はちょうどよい分量、「適宜」は好みで入れなくてもよいということです。
◎野菜類は特に指定のない場合は、洗う、むくなどの作業を済ませてからの手順を説明しています。
◎調味料類は特に指定していない場合は、酒は日本酒、醤油は濃口醤油、塩は自然塩、
胡椒は肉料理には黒胡椒、魚料理には白胡椒、オリーブオイルはエキストラバージンを使っています。

『低温調理器を使う際の注意点』

必ず鍋敷きを使用する

温められた湯で鍋はかなり高温になります。鍋を設置する台が低温焼けすることがありますので、必ず鍋敷きなどを使用してください。

鍋の水位

低温調理器は鍋の縁に固定するので、深さ15cm以上ある、深めの鍋を使用すると、調理器が安定します。鍋に低温調理器を固定したら、水を張ります。低温調理器の電熱棒にはMIN(最小)〜MAX(最大)の表示があるので、その間に水位が来るように水を注ぎます。食材を入れた際に、MAXを超えてしまうと、エラーになるので、その際は水を減らしてください。

温度の設定

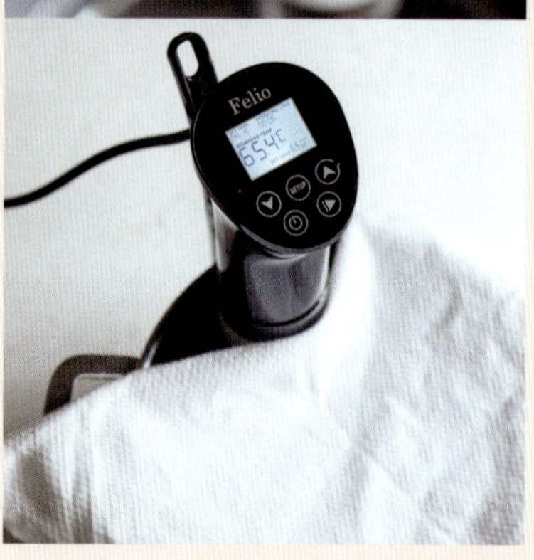

日本で流通している低温調理器の多くが海外で製造されたもので、温度表示は華氏(°F)、摂氏(℃)どちらかを選択できます。表示を選択したら、説明書に沿って、温度を設定します。設定温度になったらアラームが鳴るので、真空にした食材を入れて加熱をスタートさせます。一度にたくさんの食材を入れたり、冷えた食材を入れると、温度が一気に下がってしまいます。そんなときは最初から食材を入れて温度をセットすると、より正確に測れます。なかなか温度が上がらない場合は、タオルを被せたり、初めから湯を入れても。ただ、低温調理器には温度を下げる機能がないので、設定温度より低い温度の湯を入れてください。

本書で設定する主な温度

［→華氏計算方法 °F＝(℃×1.8)＋32］

44℃(111.2°F)	55℃(131°F)
66℃(150.8°F)	77℃(170.6°F)
88℃(190.4°F)	

〚真空にする利点〛

食材に湯の温度が均一に伝わり、食材が湯に沈んで全体にまんべんなく火が通ります。また調理後は、そのまま冷却して、冷蔵、冷凍でストックでき、温め直しも容易です。

〚その他の利点〛

◎ 食材の持つ香り、味、栄養素が流出しにくい。

◎ 調味料の浸透効果、浸透効率が高く、味が食材に染み込みやすい。

◎ マリネ類は少量の調味料で、短時間でマリネできる。

◎ 食材の酸化や乾燥がしにくいので、鮮度を保ちやすい。

◎ 食中毒を引き起こす細菌やウィルスが入りにくい。

〚真空にする際のコツ〛

真空にするコツは、台の上で食材の周囲の空気を抜いて封を閉じることです。また右の写真のように、湯(低温調理器で温めている最中の湯でも)に沈めると、袋が食材に張りつくようにさらにきれいに空気が抜けます(その際はやけどなどしないようにトングなどを使用)。空気を抜いたあとは、しっかり封を閉じてください。空気が残った場合は閉じた端にストローを入れ、口で吸って空気を抜いてください。空気を抜くことで熱がまんべんなく伝わります。

〚その他の注意点〛

密閉袋

本書では食材を最高88℃で加熱します。水漏れしない、耐熱性のある、丈夫な食品用のポリ袋を使用するか、真空パック器用の袋を使用すると安心です。

液体の真空

だしや液体の調味料を入れて真空にする際は、深さのある計量カップなどに袋をセットすると入れやすいです。空気を抜く際は、上の要領で空気を抜いてください。

尖った食材

骨などがあったり、尖った食材は袋が破けることがあります。その際は袋に入れる前にラップで尖った部分を保護してから袋に入れて真空にすると安心です。

〚 低温調理のコツ 〛

ピケする

肉類は全体に細かくピケ（穴を開ける）することで、下味が中まで均一に入りやすくなります。

→

調味する

しっかりピケしたのち、調味料を全体にもみ込みます。

→

真空にし、加熱する

袋に入れて真空にし、設定温度の湯に入れて加熱する（温度と加熱時間の目安は14〜15ページ参照）。

〈 塩加減の目安 〉

ヒトの体液の塩分濃度は約0.9%。それに近い塩分量にすることで、私たちはおいしく感じます。本書では計算しやすく1%にしていますが、塩分が気になる方は0.9%でも。そのままいただくコンフィ、酒のつまみなどは1.5%の塩分量で調整してください。また、海水に直接触れる蛸、イカ、貝類などは塩分量が多いので、0.5%がちょうどよいです。0.1g単位で量れるスケールがないときは塩小さじ1が6gなので、目安にしてください。

〚 ストック方法と使い方 〛

急速冷却後、保存する

すぐに調理しない場合は氷水などで急速冷却して中心まで十分冷やし、冷蔵、または冷凍保存します。55℃以下の加熱のものは冷蔵で2〜3日、66℃以上のものは4〜5日。冷凍の場合はいずれも1か月が目安です。

→

解凍する

冷凍したものは袋ごと水につけて解凍します。その後焼いたり、炒めたりする場合は、低温調理で加熱した際の温度より少し低めの温度で食材を温めてから調理します。

〚低温調理をおいしくする「調味料」〛

低温調理する際に食材と一緒に袋に入れたり、アレンジの料理にも使える簡単な手作り調味料です。炒め玉ねぎと焦がしバターは洋風料理、香味オイルは和風、中華、エスニックなどの料理に向いています。

〚炒め玉ねぎの材料＆作り方〛

フライパンにバター15gを中火で熱し、玉ねぎのみじん切り150gをしんなりと少し色づくまでじっくり炒める。

保存期間　密閉袋に入れ、冷蔵庫で5日、冷凍庫で1か月。

〚焦がしバターの材料＆作り方〛

鍋に無塩バター100gを中火で熱し、茶色く色づいてきたら手早く冷ます。

保存期間　密閉袋に入れ、冷蔵庫で3週間、冷凍庫で2か月。

〚香味オイルの材料＆作り方〛

にんにくのみじん切り小さじ1、しょうがのみじん切り大さじ1、長ねぎのみじん切り大さじ2、胡麻油½カップを鍋に入れ、茶色く色づくまで混ぜながら炒め、手早く冷ます。

保存期間　密閉袋に入れ、冷蔵庫で3週間、冷凍庫で2か月。

〚温度と食材の変化〛

3㎝厚さの牛ロース肉を各温度で50分、卵は77℃と88℃で30分加熱した際の火の入り方を比較しています。
温度による肉の変性と好みの火の入り方の参考にしてください。

44℃

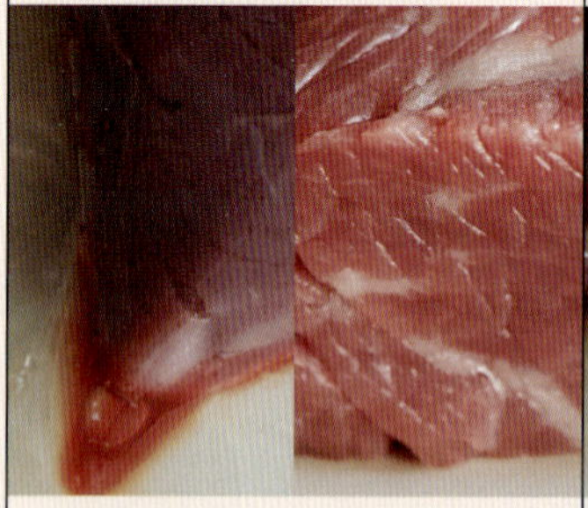

ベリーレア

・肉に火は通っていないが、体温よりも温かい。

・タンパク質の一種〝ミオシン〟は40℃前後でねっとり、ほろりとした食感になる。

・生食用の魚、海藻は磯の香りは残りつつ、生臭さが消え、食材によっては歯応えが出る。

55℃

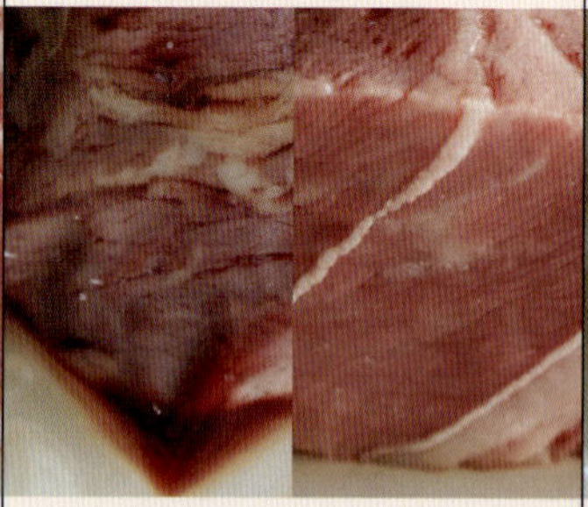

ミディアムレア

・肉に少し火が通って白くなり、弾力が少し出る。

・この状態で表面を焼くと、ミディアムに近いミディアムレア※1など、焼く時間によって好みで楽しめる。

※1… ミディアムレアは半生の状態。菌は50℃以上で死滅してくるので、半生だけど滅菌される。

66℃

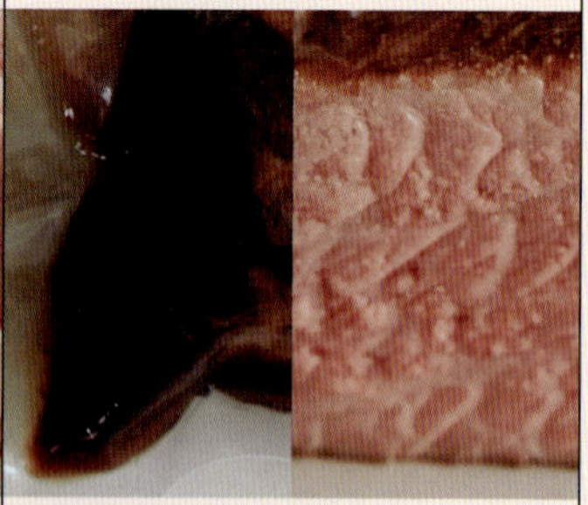

ミディアム

・肉は生の部分がなくなり、うっすらピンクになる。

・肉は63℃から水分が抜けて身が縮み、弾力が出てくる。

・離水した水分に含まれるミオグロビン（赤い色素）がかたまり始め、ロゼ色に変化する。

・生肉を好まない場合や、焼かずにそのまま楽しむ場合は66℃がよい。

・豚肉、鶏肉、生食用でない魚介は63℃以上での調理が望ましい※2。

※2… 厚生労働省が提唱している非加熱食品のガイドラインにおいては、〝中心部が63℃で30分以上、または同等以上で加熱・殺菌〟とあります。本書では安全を考え、豚肉、鶏肉、魚介など加熱しなければならない食材は66℃以上で加熱しています。また、お年寄りやお子様、免疫力の弱っている方には、ガイドラインに従わず、食材の中心温度が75℃1分以上の加熱をしてください。

77℃

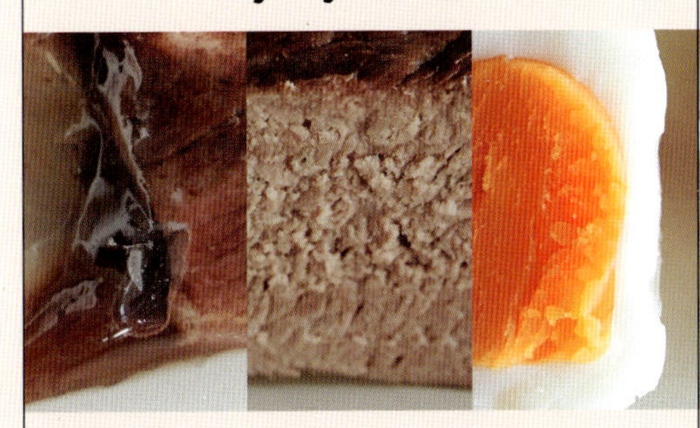

ウェルダン

・肉はさらにかたくなり、離水した水分に含まれるミオグロビン（赤い色素）がかたまり、透明に近い褐色に変化する。

・かなり弾力が出てくるが、100℃で火入れしたかたさではない。

・肉の血の滴りが嫌いな人好みの温度。

・卵は68℃で卵黄がしっかりかたまるので、火が通っているが、卵白は83℃でかたまるので、少しやわらかい状態。

・コラーゲンを多く含む食材は70℃以上で3時間以上加熱すると、コラーゲンがゼラチン化し、とろけるようにやわらかくなる※3。

※3…〈コラーゲンを多く含む食材〉豚足・鶏皮・手羽先・軟骨・牛スジ肉・牛テール肉・豚バラ肉・スッポン・フカヒレ・エイヒレ・魚の皮・鰻・ナマコ・カレイ・海老・クラゲなど

88℃

ベリーウェルダン

・非常にかたく、パサついた状態だが、100℃ほどではない。

・卵は卵黄も卵白もしっかりかたまる。

・80℃以上で食物繊維を形成しているペクチンが分解するので、ペクチンを多く含む食材は煮物、コンポート、ジャムなどの調理が可能になる※4。

※4…〈ペクチンを多く含む食材〉グリーンピース・ビーツ・パプリカ・じゃがいも・さつまいも・にんじん・大根・キャベツ・なす・トマト・かぼちゃ・りんご・梨・洋梨・カシス・すもも・桃・あんず・いちご・ぶどう・すいか・さくらんぼ・柑橘類の皮など

・ペクチンをあまり含まない野菜、穀物、豆などのセルロース（食物繊維）は、100℃近くにならないとやわらかくならず、シャキシャキした歯応えが残るため、低温調理では火が通らない。

〚その他の注意点〛

◎ 新鮮な食材、正しい衛生管理のもとで販売されている食材を準備する。

◎ いちばん細菌が発生しやすいのが35℃前後。
低温真空調理後はあまり時間を置かず、すぐに調理しない場合は氷水などで急速冷却する。

〈 加熱時間の目安 〉

食材が温まる時間は厚さ1cmにつき、約10分になります。豚肉、鶏肉、生食用でない魚介類を加熱する場合は、中心部を63℃で30分以上加熱する必要があるため、厚さにより算出した時間に30分足した時間が必要です。2cm厚さの豚肉であれば、20分＋30分で50分の加熱が安全です。

Chapter 1

55℃

55℃はミディアムレアの温度です。この状態に低温調理しておき、仕上げに表面をこんがり焼けば、薄めの肉は余熱でミディアムに。菌は50℃以上で死滅してくるので、半生ですが、かなり減菌されます。半生で食べることのできる赤身の肉(牛肉、鴨、羊など)に向いています。

55℃ 牛ロース肉stock

→ やわらかステーキ（19ページ）
→ 2つの温度のビーフサラダ（20ページ）
→ 牛カツ（21ページ）

ストックしておくと、何かと便利なのが牛ロース肉。ステーキ、サラダ、牛カツはもちろん、カレーにシチュー、炒め物にも使えます。好みでタイムなどのハーブを入れると、香りよく仕上がりますが、アレンジの幅を広げるため、味つけはシンプルに塩と胡椒で。

〚材料〛2人分
牛ロース肉　200g
塩　1%（2g）
胡椒　適量

〚作り方〛
1. 牛肉は全体に細かくピケする（穴を開ける）。
ピケすることで、中心まで下味が入りやすくなる。
細いステンレス製の魚串が扱いやすいが、
ない場合はフォークを使う。
2. 牛肉全体に塩と胡椒をもみ込み、
密閉袋に入れて真空にする（空気を抜く）。
55℃の湯に入れ、50分加熱する。
3. すぐに調理しない場合は氷水で急速冷却し、
冷蔵庫か、冷凍庫で保存する。

保存期間　冷蔵庫で2～3日、冷凍庫で1か月。

やわらかステーキ

牛ロース肉*stock*

〘材料〙1～2人分

牛ロース肉*stock*　全量
じゃがいも　1個
バター　適量
塩　適量
胡椒　適量
パセリ　適量

〘下準備〙

*stock*は冷凍してある場合は、袋ごと水につけて解凍し、55℃より少し低めの湯で温める。

〘作り方〙

1. じゃがいもは皮つきのまま洗い、ラップで包んで600Wの電子レンジで4分加熱する。皮をむいてつぶし、塩と胡椒で味を調える。
2. フライパンにバターを中火で熱し、バターが色づいたら、汁気をふいた牛肉を焼く。焼き色がついたら裏返し、両面をこんがり焼く。
3. 皿に*1*を盛ってみじん切りにしたパセリを散らし、ステーキを盛る。バターを添え、好みで胡椒をふる。

55℃

2つの温度のビーフサラダ

牛ロース肉*stock*

〚材料〛2人分

牛ロース肉*stock*　適量（18ページ）

エンダイブ　1株

フレンチドレッシング　適量

〚下準備〛

*stock*は冷凍してある場合は、袋ごと水につけて解凍する。

〚作り方〛

1. 牛肉は汁気をふき、半量は薄切りにする。
   2つの温度を楽しみたいときは、
   残りの牛肉を密閉袋に入れて真空にし、60℃で20分加熱する。
   その後氷水で冷やし、同様に薄切りにする。
2. 芯から半分に割いたエンダイブとともに*1*を皿に盛り、
   フレンチドレッシングを回しかける。

牛カツ

牛ロース肉stock

〖材料〗1〜2人分

牛ロース肉*stock*　全量（18ページ）

薄力粉　適量

溶き卵　適量

パン粉　適量

揚げ油　適量

キャベツ　適量

わさび醤油　適量

〖下準備〗

*stock*は冷凍してある場合は、袋ごと水につけて解凍し、55℃より少し低めの湯で温める。

〖作り方〗

1. 牛肉は汁気をふいて3cm角に切る。
薄力粉、溶き卵、パン粉の順で衣をつける。

2. *1*を高温（200℃）に温めた揚げ油でさっと揚げ、
油をよくきる。キャベツのせん切りとともに皿に盛り、
わさび醤油をつけて食べる。

55℃

55℃ 昆布だし *stock*

昆布は55～60℃で旨み成分である〝だし〟が出ます。温度を一定に保てる低温調理なら、雑味のないクリアな旨みを楽しめます。ちなみに、昆布や野菜などに含まれるグルタミン酸は、肉や魚、鰹節などに含まれるイノシン酸と合わせることで、さらに旨みがアップします。

〚材料〛作りやすい分量

昆布　15g

水　500mℓ

〚作り方〛

1. 昆布は表面の汚れを濡れフキンで軽くふき、水とともに密閉袋に入れて真空にする。

2. 55℃の湯に入れ、1時間加熱する。

3. すぐに調理しない場合は、冷水で冷やし、冷蔵庫か、冷凍庫で保存する。

保存期間　昆布を取り出して冷蔵庫で2～3日、冷凍庫で1か月。

55℃ 鯛の切り身stock

グルタミン酸の昆布と、イノシン酸の鯛を合わせたストックです。身はふんわりと仕上がり、温めてお茶漬けにしたり、うどん汁や、鍋のベースにしても。

〖材料〗2人分

鯛(生食用) 2切れ
竹の子(水煮) 80g
昆布だしstock 1カップ
薄口醤油 小さじ1
酒 小さじ1
塩 少々

〖作り方〗

1. 鯛に塩と酒をふり、10分ほど置いたら湯通しする。竹の子は薄切りにする。
2. 密閉袋に*1*と残りの材料を入れて真空にし、55℃の湯に入れて40分加熱する。
3. すぐに調理しない場合は、氷水で冷やし、冷蔵庫か、冷凍庫で保存する。

保存期間 冷蔵庫で2〜3日、冷凍庫で1か月。
食べる際は、冷凍している場合は、袋ごと水につけて解凍し、55℃より低めの湯で温める。

55℃ 浅漬けきゅうりstock

きゅうり独特の青臭さが取れ、シャキッとした食感に仕上がります。きゅうりをセロリに代えたり、柚子やみょうがを加えたりと、アレンジしてみてください。

〖材料〗作りやすい分量

きゅうり 1本(100g)
しょうが 少々
昆布だしstock ½カップ
塩 1%(1g)

〖作り方〗

1. きゅうりは皮を縞目にむき、8㎜幅の斜め切りにする。しょうがはせん切りにする。
2. 密閉袋に*1*と残りの材料を入れて真空にし、55℃の湯に入れて30分加熱する。
3. すぐに調理しない場合は、冷水で冷やし、冷蔵庫か、冷凍庫で保存する。

保存期間 冷蔵庫で2〜3日、冷凍庫で1か月。
食べる際は、袋ごと水につけて解凍する。

55℃ ラムラックstock

→ラムチョップの中華炒め（25ページ）
→ラムラックのハーブパン粉焼き（26ページ）

ラムロースの骨つきをブロックごと豪快に低温調理します。袋が破けないように骨の先端には、ラップを巻くこと。ハーブとオリーブオイルの代わりに、好みで焦がしバターや、香味オイル（13ページ）を入れても。オーブンで丸ごと焼いて出せば、おもてなしでも喜ばれます。

〖材料〗2人分

ラムラック（フレンチカット）　400g
塩　1%（4g）
胡椒　適量
オリーブオイル　大さじ1
にんにく　1かけ（つぶす）
タイム　1本
セージ　1本

〖作り方〗

1. ラムラックは全体にピケして塩と胡椒をまぶし、骨の先にラップを巻く。
2. 密閉袋に*1*と残りの材料を入れて真空にし、55℃の湯に入れて1時間20分加熱する。
3. すぐに調理しない場合は氷水で冷やし、冷蔵庫か、冷凍庫で保存する。

保存期間　冷蔵庫で2〜3日、冷凍庫で1か月。

〚材料〛2人分
ラムラック *stock*　全量
赤パプリカ　1/4個
ヤングコーン　2本
しいたけ　2個
香味オイル
　小さじ2（13ページ）
豆板醤　小さじ1
紹興酒　大さじ1
醤油　小さじ1
黒酢　小さじ1
胡麻油　小さじ1
香菜　適宜

〚下準備〛
*stock*は冷凍してある場合は、
袋ごと水につけて解凍し、55℃より少し低めの湯で温める。

〚作り方〛
1. ラムラックは汁気をふいて骨ごとに切り分け、
ラムチョップにする。
2. 赤パプリカは8㎜幅の細切りにし、
ヤングコーンは縦半分に切る。
しいたけは5㎜幅のそぎ切りにする。
3. フライパンに胡麻油を中火で熱し、
ラムチョップの表面をこんがり焼く。
4. 香味オイルと豆板醤を加えてさっと炒め、
赤パプリカ、ヤングコーン、しいたけを加えて炒め合わせる。
5. 紹興酒をふり、醤油と黒酢で味を調えて皿に盛り、
好みでざく切りにした香菜を散らす。

ラムチョップの中華炒め

ラムラック*stock*

55℃

ラムラックのハーブパン粉焼き

ラムラックstock

a

b

〚材料〛2人分

ラムラック*stock*　全量（24ページ）

マスタード　大さじ½

ハーブパン粉

- パン粉　大さじ3
- タイムの葉のみじん切り　1本分
- パセリのみじん切り　小さじ1
- オリーブオイル　小さじ2
- 胡椒　少々

つけ合わせ

- 芽キャベツ　8個
- チキンブイヨン　½カップ
- 塩　適量
- 胡椒　適量
- バター　適量

〚下準備〛

*stock*は冷凍してある場合は、袋ごと水につけて解凍し、
55℃より少し低めの湯で温める。
オーブンは230℃に温める。

〚作り方〛

1. つけ合わせを作る。
芽キャベツは縦半分に切り、バターで炒める。
残りの材料を加えてフタをし、5分ほど蒸し煮にする。
2. ラムラックは汁気をふき、マスタードを塗る。
3. ハーブパン粉の材料をバットに入れて混ぜ、
ラムラックの上面につける［a］。
4. 3をアルミホイルを敷いた天板にのせ［b］、
温めたオーブンでこんがり色づくまで8分ほど焼く。
5. つけ合わせの芽キャベツとともに皿に盛り、
好みでマスタード（分量外）を添え、切り分けて食べる。

GLOIRE
MAGLOIR
55°C

55℃ Tボーンstock

→Tボーンステーキ（下記）

骨近くの肉はどうしても火が入りにくいのですが、低温調理なら、全体にまんべんなく火が入ります。ロースとフィレを一度に楽しめるTボーンは、バーベキューでも喜ばれる一品です。

〚材料〛2～3人分

Tボーン　1枚（530g）
塩　1％（5.3g）
胡椒　適量
焦がしバター　大さじ1（13ページ）
タイム　適量

〚作り方〛

1. Tボーンは全体にピケして塩と胡椒をまぶす。
2. 密閉袋に*1*と残りの材料を入れて真空にする。55℃の湯に入れ、50分加熱する。
3. すぐに調理しない場合は氷水で冷やし、冷蔵庫か、冷凍庫で保存する。

保存期間　冷蔵庫で2～3日、冷凍庫で1か月。

Tボーンステーキ

Tボーン*stock*

〚材料〛2～3人分

Tボーン*stock*　全量
じゃがいも　2個
バター　適量
塩　適量
胡椒　適量
レモン　適量

〚下準備〛

*stock*は冷凍してある場合は、袋ごと水につけて解凍し、55℃より少し低めの湯で温める。

〚作り方〛

1. じゃがいもは洗い、皮つきのままくし形に切る。竹串が通るまで茹でて水気をふく。フライパンにバターを中火で熱し、表面をこんがりとカリッと焼き、塩と胡椒をふって、皿に盛る。
2. *1*のフライパンにバターを中火で熱し、バターが色づいてきたら、汁気をふいたTボーンを入れ、フライ返しで軽く押さえながら焼き目をつけるように両面をさっと焼く。
3. *1*の皿に盛り、レモンを添える。

Chapter 2

66℃

食材の中でも活用頻度の高い豚肉や鶏肉、生食用ではない魚介類の調理は、66℃の加熱で安全に、しかもジューシーに火を入れられます。生で食べることのできる赤身の肉（牛肉、鴨、羊など）を生ではなく、火が通っているけれどジューシーなロゼ色（薄いピンク色）のミディアムで楽しみたい場合は、この温度が適しています。

66℃ 豚肩ロース肉stock

→ ポークサラダ(31ページ)
→ ポークソテー(32ページ)
→ ポークカレー(33ページ)

塩麹でやわらかくなり、熟成した香りもつきます。塩は塩麹の塩気により調整してください。おいしく仕上げるコツは、全体に丁寧にピケをし、肉内部にも味が入るようにすること。香ばしい香りのつく醤油麹もおすすめです。シンプルなポークソテーはもちろん、いつものカレーも格段においしくなります。

〖材料〗2人分
豚肩ロース肉　300g
塩麹　大さじ3
塩　少々
胡椒　適量

〖作り方〗
1. 豚肉は全体にピケして塩麹、塩、胡椒をまぶす。
2. 密閉袋に入れて真空にし、66℃の湯に入れて1時間加熱する。
3. すぐに調理しない場合は氷水で冷やし、冷蔵庫か、冷凍庫で保存する。

保存期間　冷蔵庫で4～5日、冷凍庫で1か月。

ポークサラダ

豚肩ロース肉*stock*

〚材料〛1～2人分

豚肩ロース肉*stock*　半量
サニーレタス　適量
レモン果汁　適量
オリーブオイル　適量
塩　適量
胡椒　適量

〚下準備〛

*stock*は冷凍してある場合は、袋ごと水につけて解凍する。

〚作り方〛

1. 豚肉は汁気をふき、2～3㎜厚さに切る。
サニーレタスはちぎる。

2. 皿に*1*を盛ってレモン果汁とオリーブオイルをかけ、
塩と胡椒をふる。

66℃

ポークソテー

豚肩ロース肉stock

〘材料〙2人分

豚肩ロース肉*stock*　全量（30ページ）

ほうれん草　適量

ケイパー（酢漬け）　適量

バター　適量

塩　適量

胡椒　適量

〘下準備〙

*stock*は冷凍してある場合は、袋ごと水につけて解凍し、
66℃より少し低めの湯で温める。

〘作り方〙

1. ほうれん草は塩を入れた湯に茎から入れ、さっと茹でる。
ザルに上げ、粗熱が取れたら水気を絞って3〜4㎝長さに切り、
塩と胡椒をまぶす。フライパンにバターを中火で熱し、
バターが色づいたら、ほうれん草をさっと炒める。
または焦がしバター（13ページ）で和えてもよい。

2. フライパンをさっとふき、バターを中火で熱し、
バターが色づいたら、汁気をふいた豚肉を焼く。
焼き色がついたら裏返し、両面をこんがり焼く。

3. 好みの厚さに切り分け、*1*のほうれん草とケイパーを添える。

ポークカレー

豚肩ロース肉stock

〚材料〛2人分

豚肩ロース肉*stock*
　全量（30ページ）
玉ねぎ　1個
にんじん　½本
じゃがいも　1個
りんご　¼個分
しょうが　少々
にんにく　少々
カレールー　100g
ローリエ　1枚
サラダ油　適量

〚下準備〛

*stock*は冷凍してある場合は、袋ごと水につけて解凍し、
66℃より少し低めの湯で温める。

〚作り方〛

1. 豚肉は汁気をふき、3cm角に切る。
   玉ねぎ、にんじん、じゃがいもは2cm角に切る。
   りんご、しょうが、にんにくはすりおろし、カレールーは刻む。
2. フライパンにサラダ油を中火で熱し、
   豚肉の表面をこんがり焼いて一度取り出す。
3. 2のフライパンに玉ねぎ、にんじん、じゃがいもを入れてよく炒める。
   ローリエと水500mℓ（分量外）を加えてフタをし、15分ほど煮る。
4. 野菜に火が通ったらカレールーを加えて溶き、
   すりおろしたりんご、しょうが、にんにく、
   取り出した豚肉を加えて軽く温める。

66℃ 豚フィレ肉1本*stock*

→ フィレのタプナード挟み（35ページ）
→ フィレの丸ごとナッツ衣焼き（36ページ）

豪快にフィレ肉1本を低温調理に！ グルタミン酸の昆布と、イノシン酸の豚肉を合わせたストックです。昆布の旨みと塩気が肉に合い、しっとり仕上がります。また米油はクセがない上、劣化しにくいので、ストックに向いた油です。とんかつにアレンジしても。

〚材料〛作りやすい分量
豚フィレ肉　1本（500g）
塩　1%（5g）
胡椒　適量
細切り昆布　10g
米油　小さじ1

〚作り方〛
1. 豚肉は筋を取り、全体にピケして塩と胡椒をまぶす。
2. 密閉袋に*1*と残りの材料を入れて真空にし、66℃の湯に入れて1時間加熱する。
3. すぐに調理しない場合は氷水で冷やし、冷蔵庫か、冷凍庫で保存する。

保存期間　冷蔵庫で4〜5日、冷凍庫で1か月。

フィレのタプナード挟み

豚フィレ肉1本*stock*

〚材料〛2人分

豚フィレ肉1本*stock*　半量

タプナード

- ブラックオリーブ　6個
- アンチョビフィレ　1枚
- ケイパー（酢漬け）　小さじ1
- オリーブオイル　小さじ1

トレビス　適量

紅芯大根　適量

塩　適量

胡椒　適量

オリーブオイル　適量

〚下準備〛

*stock*は冷凍してある場合は、袋ごと水につけて解凍し、66℃より少し低めの湯で温める。

〚作り方〛

1. タプナードを作る。ブラックオリーブ、アンチョビフィレ、ケイパーはみじん切りにし、オリーブオイルと混ぜる。
2. 豚肉は汁気をふき、5㎜間隔で3本切り込みを入れ、切り離す。切り込みに*1*を等分に挟み、皿に盛る。
3. トレビスはちぎり、紅芯大根は半月形の薄切りにして*2*に添え、オリーブオイルを回しかけ、塩と胡椒をふる。

66℃

フィレの丸ごとナッツ衣焼き

豚フィレ肉1本*stock*

〖材料〗2人分

豚フィレ肉1本*stock*
　半量(34ページ)

ミックスナッツ(素焼き)の
　粗みじん切り　大さじ2

マーマレード　大さじ2

クレソン　適量

〖下準備〗

*stock*は冷凍してある場合は、
袋ごと水につけて解凍し、
66℃より少し低めの湯で温める。
オーブンは160℃に温める。

〖作り方〗

1. 豚肉は汁気をふき、マーマレードを全体に塗る。
　その上からミックスナッツをまぶす。
2. 1をアルミホイルを敷いた天板にのせる。
　温めたオーブンに入れ、ナッツがほんのり
　香ばしくなるまで10分ほど焼く。
3. 皿に盛ってクレソンを添え、
　好みの厚さに切り分けて食べる。

66℃ スペアリブstock

→ スペアリブのスパイシー焼き(39ページ)
→ スペアリブのバルサミコ酢煮(41ページ)

脂の多いスペアリブは油を入れずに調味します。ドライトマトはグルタミン酸の多い食材なので、肉に組み合わせるのにおすすめの食材です。中華用にストックしたい場合は、オイスターソースや、香味オイル(13ページ)を加えても。バルサミコ酢煮は、さっぱりした風味で煮崩れるほどのやわらかさです。

〚材料〛作りやすい分量

スペアリブ　800g
塩　1％(8g)
胡椒　適量
ドライトマト　2枚(細切りにする)
オリーブオイル　大さじ½

〚作り方〛

1. スペアリブは全体にピケして塩と胡椒をまぶす。
2. 密閉袋に*1*と残りの材料を入れて真空にし、66℃の湯に入れて1時間10分加熱する。
3. すぐに調理しない場合は氷水で冷やし、冷蔵庫か、冷凍庫で保存する。

保存期間　冷蔵庫で4～5日、冷凍庫で1か月。

スペアリブのスパイシー焼き

スペアリブstock

〖材料〗2人分

スペアリブ*stock*　半量

オリーブオイル　大さじ2

スパイス

- カルダモン　1粒
- 胡椒　小さじ⅔
- フェンネルシード　小さじ⅔
- コリアンダーシード　小さじ⅔

ズッキーニ　適量

〖下準備〗

*stock*は冷凍してある場合は、袋ごと水につけて解凍し、66℃より少し低めの湯で温める。

〖作り方〗

1. スパイスは鍋の底やすり鉢で粗くつぶして香りを出す。

2. スペアリブは汁気をふき、オリーブオイル半量と*1*のスパイスをまぶす。

3. ズッキーニは5㎜厚さの輪切りにし、残りのオリーブオイルと塩少々(分量外)をまぶす。

4. グリルパンを強火で熱し、十分に温まったら、スペアリブとズッキーニの両面をこんがり焼く。

スペアリブのバルサミコ酢煮

スペアリブstock

〚材料〛2人分

スペアリブ*stock*　半量（38ページ）

マッシュルーム　6個

玉ねぎ　½個

プルーン　4個

バルサミコ酢　大さじ2

チキンブイヨン　¾カップ

デミグラスソース　200g

バター　適量

〚下準備〛

*stock*は冷凍してある場合は、袋ごと水につけて解凍し、
66℃より少し低めの湯で温める。

〚作り方〛

1. マッシュルームは半分に切り、玉ねぎは2cm角に切る。
2. フライパンにバターを中火で熱し、
バターが色づいたら、汁気をふいたスペアリブを
こんがり焼いて一度取り出す。
3. *2*のフライパンに、*1*を入れてこんがり炒め、
プルーン、バルサミコ酢、チキンブイヨン、デミグラスソース、
取り出したスペアリブを加え、3〜4分煮込む。

66℃

66℃ 鶏もも肉*stock*

→ジューシーチキンフリット(43ページ)
→鶏肉のローマ風煮込み(44ページ)

低温調理したストックの揚げ物は高温の油でさっと衣がこんがりする程度で引き上げることが大切。煮込みであれば、最後に加えて軽く温めるだけ。今回はフリットと、煮込みに仕上げましたが、オーブントースターで香ばしく焼いてもおいしいです。

〚材料〛2人分
鶏もも肉　1枚(250g)
塩　1%(2.5g)
胡椒　適量
イタリアンパセリ　½本
バジルの葉　6枚

〚作り方〛
1. 鶏肉は全体にピケしてひと口大に切り、塩と胡椒をまぶす。
2. 密閉袋に*1*と残りの材料を入れて真空にし、66℃の湯に入れて1時間加熱する。
3. すぐに調理しない場合は氷水で冷やし、冷蔵庫か、冷凍庫で保存する。

保存期間　冷蔵庫で4〜5日、冷凍庫で1か月。

ジューシーチキンフリット

鶏もも肉stock

〚材料〛2人分

鶏もも肉*stock*　全量

ハーブ衣

- 薄力粉　75g
- ベーキングパウダー　小さじ½
- イタリアンパセリのみじん切り　大さじ1
- バジルのみじん切り　大さじ1
- 水　½カップ
- オリーブオイル　大さじ1

オリーブオイル（またはサラダ油）　適量

〚下準備〛

*stock*は冷凍してある場合は、
袋ごと水につけて解凍し、
66℃より少し低めの湯で温める。

〚作り方〛

1. ボウルにハーブ衣の材料を入れ、
泡立て器で滑らかになるまで混ぜる。

2. *1*に汁気をふいた鶏肉を絡め、
高温（200℃）のオリーブオイルで
こんがり色づくまで揚げ焼きし、油をよくきる。

66℃

鶏肉のローマ風煮込み

鶏もも肉stock

〚材料〛2人分

鶏もも肉*stock*
全量(42ページ)
生ハム　10g
玉ねぎ　¼個
パプリカ(赤・黄)　各¼個
にんにく　½かけ
白ワイン　大さじ2
チキンブイヨン　½カップ
トマトソース　200g
オリーブオイル　小さじ2

〚下準備〛

*stock*は冷凍してある場合は、袋ごと水につけて解凍し、
66℃より少し低めの湯で温める。

〚作り方〛

1. 生ハムと玉ねぎは粗みじん切り、
パプリカは3cm角、にんにくはみじん切りにする。
2. フライパンにオリーブオイルを中火で熱し、
汁気をふいた鶏肉を入れ、両面をこんがり焼いて一度取り出す。
3. 2のフライパンに玉ねぎ、にんにく、生ハムを加えて炒める。
4. パプリカを加えてさらに炒め、白ワイン、
チキンブイヨン、トマトソースを加えて
10分ほど煮込み、鶏肉を戻し入れて軽く温める。

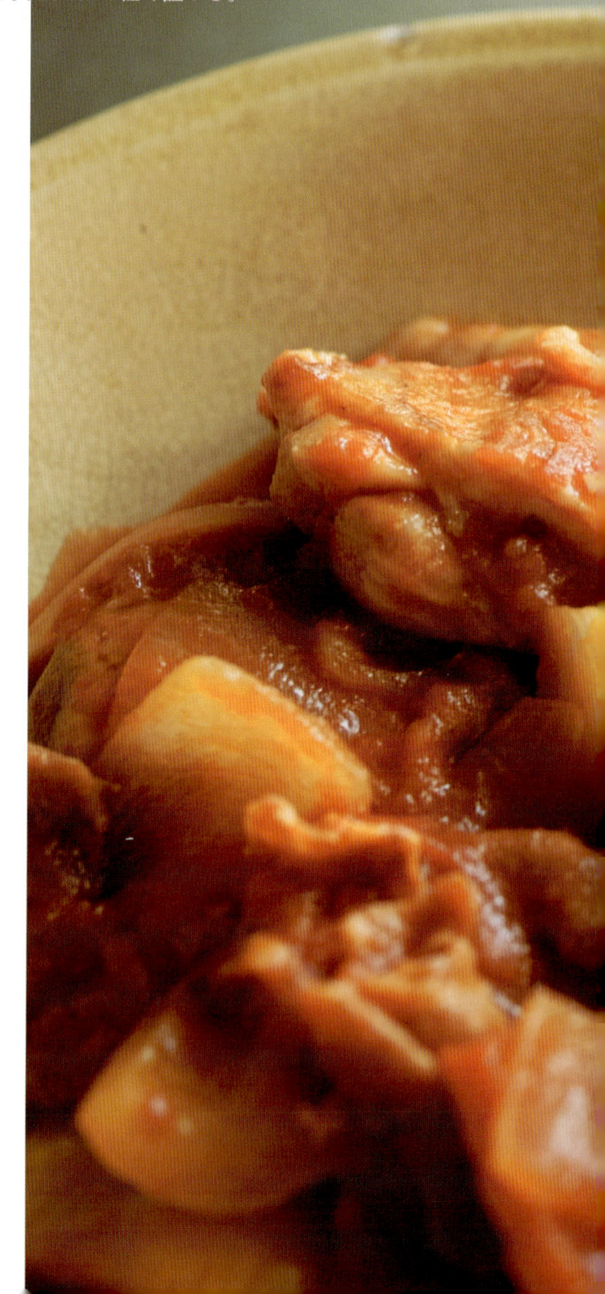

66℃

66℃ 骨つき鶏もも肉stock

→即席チキンポトフ（下記）

→骨つき鶏もも肉のハーブ焼き（48ページ）

骨つきの鶏もも肉は食べ応えがあり、パーティでも喜ばれる部位です。シンプルにポトフとハーブ焼きにしましたが、塩、胡椒、セージ、にんにく、オリーブオイルで調味して焼いたり、唐揚げ粉をまぶして揚げても美味。66℃・1時間20分の加熱ですが、77℃・3時間以上加熱すれば、さらにやわらく仕上がります。

〚材料〛作りやすい分量

骨つき鶏もも肉　2本（600g）

塩　1%（6g）

胡椒　適量

イタリアンハーブミックス　適量

〚作り方〛

1. 鶏肉は全体にピケして塩、胡椒、イタリアンハーブミックスをまぶす。
2. 密閉袋に*1*を入れて真空にし、66℃の湯に入れて1時間20分加熱する。
3. すぐに調理しない場合は氷水で冷やし、冷蔵庫か、冷凍庫で保存する。

保存期間　冷蔵庫で4〜5日、冷凍庫で1か月。

即席チキンポトフ

骨つき鶏もも肉stock

〚材料〛1〜2人分

骨つき鶏もも肉stock　半量

玉ねぎ　½個

じゃがいも　1個

にんじん　½本

セロリ　⅓本

タイム　3本

ローリエ　1枚

チキンブイヨンの素　3g

水　500mℓ

塩　小さじ½

胡椒　少々

〚下準備〛

stockは冷凍してある場合は、袋ごと水につけて解凍し、66℃より少し低めの湯で温める。

〚作り方〛

1. 玉ねぎは薄切りにし、じゃがいも、にんじん、セロリは3cm角に切る。
2. 鍋にタイム、ローリエ、チキンブイヨンの素、水、塩、胡椒を入れて火にかけ、沸騰したら*1*を加えて15分ほど煮る。
3. 野菜に火が通ったら、鶏肉を加えて軽く温める。

66℃

骨つき鶏もも肉のハーブ焼き

骨つき鶏もも肉*stock*

〖材料〗1〜2人分
骨つき鶏もも肉*stock*
　半量(46ページ)
トマト　小1個
紫玉ねぎ　¼個
ライム　1個
塩　少々
胡椒　少々
オリーブオイル　大さじ2
香菜　適量

〖下準備〗
*stock*は冷凍してある場合は、袋ごと水につけて解凍し、
66℃より少し低めの湯で温める。

〖作り方〗
1. フライパンにオリーブオイルを中火で熱し、
汁気をふいた鶏肉を皮目から焼く。
パリッと焼けたら裏返し、両面をこんがり焼く。
2. トマトは種を取り除き、1㎝角に切る。
紫玉ねぎも1㎝角に切る。ライム半分は果汁を搾る。
ボウルにトマト、紫玉ねぎ、ライム果汁を入れ、塩と胡椒で和える。
3. 皿に*1*と*2*を盛り、ざく切りにした香菜を添え、残りのライムを添える。

66℃

66℃ 手羽元 *stock*

→ 手羽元のグレープフルーツ煮(下記)
→ 手羽元の変わり揚げ(53ページ)

細いところ、太いところがあり、意外に火が通りにくい手羽元。低温調理ならまんべんなく火が通り、ストックしておけば、唐揚げもあっという間に作れます。皮目をカリッと焼くと、皮独特の食感が苦手な方でもさっぱりと、おいしくい食べられます。

〚材料〛2人分

手羽元　6本(300g)
塩　1%(3g)
胡椒　適量

〚作り方〛

1. 手羽元は全体にピケして塩と胡椒をまぶす。
2. 密閉袋に*1*を入れて真空にし、66℃の湯に入れて50分加熱する。
3. すぐに調理しない場合は氷水で冷やし、冷蔵庫か、冷凍庫で保存する。

保存期間　冷蔵庫で4～5日、冷凍庫で1か月。

〚材料〛2人分

手羽元*stock*　全量
グレープフルーツ(白・赤)　各1個
グラニュー糖　小さじ2
水　大さじ1
白ワインビネガー　大さじ1
ブランデー　大さじ1
チキンブイヨン　1カップ
塩　適量
胡椒　適量
水溶き片栗粉　適量

〚下準備〛

*stock*は冷凍してある場合は、袋ごと水につけて解凍し、66℃より少し低めの湯で温める。

〚作り方〛

1. グレープフルーツは横半分に切り、果肉をそれぞれ¼量ずつ房から取り出し、残りは果汁を搾る。
2. 鍋にグラニュー糖と水を入れて中火にかけ、焦げ色がついてきたら鍋を揺する。全体にまんべんなく色がついたら火を止め、白ワインビネガーとブランデーを加える。
3. グレープフルーツの果汁、チキンブイヨン、汁気をふいた手羽元を加えて塩と胡椒で味を調える。水溶き片栗粉でとろみをつけ、最後に果肉を加えて軽く温める。

手羽元のグレープフルーツ煮

手羽元 stock

66℃

手羽元の変わり揚げ

手羽元 *stock*

〘材料〙2人分

手羽元*stock*　全量（50ページ）

卵　1個

薄力粉　25g

ミックスグラノーラ　½カップ

米油　大さじ2

バター　10g

レモン　適量

〘下準備〙

*stock*は冷凍してある場合は、袋ごと水につけて解凍し、
66℃より少し低めの湯で温める。

〘作り方〙

1. ボウルに卵と薄力粉を入れて泡立て器でよく混ぜる。
2. *1*に汁気をふいた手羽元を入れて絡め、
ミックスグラノーラを全体にまぶす。
3. フライパンに米油とバターを中火で熱し、
*2*を並べて転がしながらこんがり色づくまで揚げ焼きする。
油をきって皿に盛り、レモンを添える。

66℃ 鶏むね肉のポーピエットstock

→ ポーピエットのクリームソースがけ (55ページ)

ポーピエットとは、肉や魚で具材を巻いた料理。今回は玉ねぎ、にんじん、セロリなどの香味野菜を炒め、鶏むね肉で巻きましたが、きのこや長ねぎ、ズッキーニ、生ハム、なすなど、好みの具材を炒めて巻いてください。トマトやチーズのソースにアレンジすれば、さらにバリエーションも広がります。

〚材料〛作りやすい分量

鶏むね肉　2枚(500g)
塩　1%(5g)
胡椒　適量
玉ねぎ　½個
にんじん　30g
セロリ　20g
生クリーム　40mℓ
バター　5g

〚作り方〛

1. 鶏肉は皮を取り除き、観音開きの要領で厚みを薄くして四角い形にする。
2. 玉ねぎ、にんじん、セロリはせん切りにする。
   フライパンにバターを弱火で熱し、色づけないようにじっくり野菜を炒める。
3. 塩と胡椒各少々(分量外)、生クリームを加えて煮詰め、そのまま粗熱を取る。
4. ラップを広げた上に鶏肉1枚を置き、塩と胡椒をまぶす。
   手前に3の半量をのせ、ロール状に巻いてラップの両端を縛る。
   残りも同様に作る。
5. 密閉袋に入れて真空にし、66℃の湯で40分加熱する。
6. すぐに調理しない場合は氷水で冷やし、冷蔵庫か、冷凍庫で保存する。

保存期間　冷蔵庫で4〜5日、冷凍庫で1か月。

ポーピエットのクリームソースがけ

鶏むね肉のポーピエット*stock*

〚材料〛2〜3人分

鶏むね肉のポーピエット*stock*　全量

チキンブイヨンの素　小さじ1

水　1カップ

生クリーム　120mℓ

バター　10g

塩　少々

胡椒　少々

水溶き片栗粉　適量

好みの茹で野菜　適量

〚下準備〛

*stock*は冷凍してある場合は、袋ごと水につけて解凍し、

66℃より少し低めの湯で温める。

〚作り方〛

1. ポーピエットはラップを外して汁気をふき、
8㎜幅の斜め切りにして皿に盛る。
切りにくい場合は、ラップごと切ってからラップを外す。

2. 鍋にチキンブイヨンの素と水を入れて温め、
生クリーム、塩、胡椒を加える。

3. 水溶き片栗粉でとろみをつけ、バターを加えてコクを出す。
*1*に回しかけ、茹で野菜を添える。

66℃

エスニック風ささみstock

→ 生春巻き（下記）

低カロリーで高タンパク質なささみ。今回はナンプラーと香菜の根を入れてエスニック風に調味しました。シンプルに塩と胡椒にすれば、サラダや和え物、棒々鶏はもちろん、明太子をのせて軽く焼いてわさび醤油を添えるメニューにも。

〘材料〙作りやすい分量

ささみ　5本（200g）
香菜の根　2本分
ナンプラー　小さじ1

〘作り方〙

1. ささみは筋を取り除き、全体にピケする。香菜の根は包丁でつぶし、香りを出す。
2. 密閉袋に*1*とナンプラーを入れて真空にし、66℃の湯で40分加熱する。
3. すぐに調理しない場合は氷水で冷やし、冷蔵庫か、冷凍庫で保存する。

保存期間　冷蔵庫で4～5日、冷凍庫で1か月。

生春巻き

エスニック風ささみ*stock*

〘材料〙2～3人分

エスニック風ささみ*stock*　全量
ライスペーパー　8枚
海老（開き・ボイル）　8尾分
サニーレタス　4枚
春雨　160g
香菜の葉　適量
ピーナッツソース
　ピーナッツバター　大さじ4
　味噌　小さじ2
　砂糖　小さじ2
　チリソース　小さじ2
　水　大さじ4

〘下準備〙

*stock*は冷凍してある場合は、袋ごと水につけて解凍する。

〘作り方〙

1. ささみは汁気をふき、手でほぐす。海老は尾を取って縦半分に切り、サニーレタスはせん切りにする。春雨は3分ほど茹で、ザルに上げて水気をきり、10㎝長さに切る。
2. ライスペーパーはさっと水に通し、濡れフキンの上に置く。奥に海老2切れと香菜の葉をのせ、手前にサニーレタス、春雨、ささみを1/8量ずつのせる。手前からひと巻きしたら 両端を折り、緩まないようにきつく巻く。残りも同様に巻く。
3. ピーナッツソースの材料を混ぜ、生春巻きに添える。

66℃ 自家製オイルツナstock

→ツナディップ(59ページ)
→マグロのグリル(61ページ)

カジキマグロをオリーブオイルでコンフィにしましたが、ヘルシーな水煮タイプも作れます。その際はオリーブオイルの代わりに水½カップと、その水分の1.5%(1.5g)の塩もプラスしてください。青魚は塩やスパイスを多めに入れることで、魚独特の臭みが取れます。

〚材料〛作りやすい分量

カジキマグロ　2切れ(160g)
塩　1.5%(2.4g)
胡椒　適量
ローリエ　1枚
オリーブオイル　大さじ2

〚作り方〛

1. カジキマグロは塩と胡椒をし、残りの材料とともに密閉袋に入れて真空にする。
2. 66°Cの湯に入れて30分加熱する。
3. すぐに調理しない場合は氷水で冷やし、冷蔵庫か、冷凍庫で保存する。

保存期間　冷蔵庫で4〜5日、冷凍庫で1か月。

〘材料〙2～3人分

自家製オイルツナ*stock*　全量
玉ねぎ　20g
ブラックオリーブ（種抜き）　4個
マヨネーズ　40g
オリーブオイル　小さじ2
好みのスティック野菜　適量
ガーリックトースト　適量

〘下準備〙

*stock*は冷凍してある場合は、袋ごと水につけて解凍する。

〘作り方〙

1. 玉ねぎはみじん切りにして水にさらし、水気を絞る。
ブラックオリーブは3㎜角に切る。

2. オイルツナは油をきってすり鉢でほぐし、
マヨネーズ、オリーブオイル、*1*を加えて混ぜる。

3. 皿に盛り、スティック野菜、
ガーリックトーストなどを添える。

ツナディップ

自家製オイルツナ*stock*

マグロのグリル

自家製オイルツナ*stock*

〚材料〛2人分

自家製オイルツナ*stock*　全量(58ページ)

レモン　適量

イタリアンパセリ　適量

〚下準備〛

*stock*は冷凍してある場合は、袋ごと水につけて解凍し、66℃より少し低めの湯で温める。

〚作り方〛

66℃

1. グリルパンを強火で熱し、
薄く煙が出るまで十分に温める。
油をふいたオイルツナをのせ、フライ返しなどで
押さえて格子模様をつけながら手早く両面を焼く。
2. 皿に盛り、レモンとイタリアンパセリを添える。

66℃ 鱈の甘酒風味*stock*

→鱈とカリフラワーのグラタン（下記）
→鱈のブランダード（64ページ）
→鱈のフリット（65ページ）

淡白な鱈はストックしておくと、便利な食材です。グラタン、おもてなしに喜ばれるブランダードに、フリットもさっと揚げるだけ。今回は甘酒を加えたので、さらにしっとりとやわらかい仕上がりです。普段の料理だけでなく、離乳食にも、かたいものが苦手なお年寄りの方にも便利なストックになります。

〖材料〗2人分
鱈　2切れ（180g）
塩　1%（1.8g）
甘酒　大さじ2

〖作り方〗
1. 鱈は塩適量（分量外）をふる。
10分ほどしたら流水で洗い、水気をふく。
2. 鱈に塩をまぶし、甘酒とともに密閉袋に入れて真空にし、66°Cの湯で30分加熱する。
3. すぐに調理しない場合は氷水で冷やし、冷蔵庫か、冷凍庫で保存する。

保存期間　冷蔵庫で4〜5日、冷凍庫で1か月。

〖材料〗2人分
鱈の甘酒風味*stock*　全量
カリフラワー　80g
バター　20g
薄力粉　20g
牛乳　250mℓ
塩　適量
胡椒　少々
ピザ用チーズ　15g

〖下準備〗
*stock*は冷凍してある場合は、袋ごと水につけて解凍し、66°Cより少し低めの湯で温める。
オーブンは250°Cに温める。

〖作り方〗
1. 鱈は汁気をふいて3㎝幅に切る。
カリフラワーは小房に分け、塩を入れた湯で茹でる。
2. 鍋にバターを弱火で熱し、バターが溶けたら、ふるった薄力粉を加えて色づけないように炒める。
バターと粉が馴染んだら、火を止めて牛乳を一度に加えて混ぜる。
再び中火にかけて泡立て器でよく混ぜ、とろみがついたら塩と胡椒で味を調える。
3. *2*に*1*を加えて軽く混ぜ、耐熱皿に流す。ピザ用チーズをふり、温めたオーブンでこんがり色づくまで10分ほど焼く。

鱈とカリフラワーのグラタン

鱈の甘酒風味stock

66℃

鱈のブランダード

鱈の甘酒風味*stock*

〚材料〛2人分

鱈の甘酒風味*stock*　全量（62ページ）

じゃがいも　1個

ディル　1本

にんにく　少々

オリーブオイル　大さじ2

生クリーム　大さじ1

塩　少々

胡椒　少々

バゲット　適量

〚下準備〛

*stock*は冷凍してある場合は、
袋ごと水につけて解凍する。

〚作り方〛

1. じゃがいもは茹で、皮をむいてつぶす。
ディルは粗みじん切り、にんにくはすりおろす。
2. 鱈は汁気をきってすり鉢でほぐし、
1、オリーブオイル、生クリームを加えて混ぜ、
塩と胡椒で味を調える。
3. バゲットにたっぷりのせて食べる。

鱈のフリット

鱈の甘酒風味*stock*

〖材料〗2人分

鱈の甘酒風味*stock*　全量（62ページ）

衣

- 薄力粉　75g
- ベーキングパウダー　小さじ½
- 水　½カップ
- オリーブオイル　大さじ1
- 塩　少々
- 胡椒　少々

揚げ油　適量

レモン　適量

〖下準備〗

*stock*は冷凍してある場合は、袋ごと水につけて解凍し、66℃より少し低めの湯で温める。

〖作り方〗

1. ボウルに衣の材料を入れ、泡立て器で滑らかになるまで混ぜる。
2. *1*に汁気をふいた鱈を絡め、高温（200℃）に温めた揚げ油でカリッとするまで揚げ、油をよくきる。
3. 皿に盛り、レモンを添える。

66℃ 蛸のワイン蒸しstock

→蛸のカルパッチョ(67ページ)
→蛸とさやいんげんのソテー(68ページ)

海水にさらされる貝類、イカ、蛸などは塩分を含んでいます。仕上げにドレッシングで和えたり、味つけすることも考え、塩分量は0.5％がおすすめです。新鮮な蛸であれば、44℃・50分の加熱でも。低温加熱することで、臭みが取れて磯の香りや風味が残り、歯応えもやわらかくなります。

〚材料〛2人分

生蛸　150g
塩　0.5％(少々)
白ワイン　大さじ1
イタリアンパセリ　1本

〚作り方〛

1. 生蛸は塩をまぶす。
   残りの材料とともに密閉袋に入れて真空にし、
   66℃の湯に入れて30分加熱する。
2. すぐに調理しない場合は氷水で冷やし、
   冷蔵庫か、冷凍庫で保存する。

保存期間　冷蔵庫で4～5日、冷凍庫で1か月。

蛸のカルパッチョ

蛸のワイン蒸しstock

〘材料〙2人分

蛸のワイン蒸し*stock*　全量

玉ねぎ　½個

セロリ　⅓本

ライム　1個

オリーブオイル　大さじ2

蛸の煮汁　大さじ1

塩　少々

胡椒　少々

〘下準備〙

*stock*は冷凍してある場合は、袋ごと水につけて解凍する。

〘作り方〙

1. 蛸は汁気をきり、3㎜厚さの輪切りにする。
玉ねぎとセロリは薄切りにして水に10分ほどさらし、
シャキッとしたら、ザルに上げて水気をきる。
ライム半分は薄い輪切りにし、残りは搾る。

2. ボウルにオリーブオイル、蛸の煮汁、
ライム果汁、塩、胡椒を入れて泡立て器でよく混ぜる。

3. 皿に玉ねぎ、セロリ、ライムの薄切り、蛸を盛り、
2を回しかける。

66℃

蛸とさやいんげんのソテー

蛸のワイン蒸し*stock*

〖材料〗2人分

蛸のワイン蒸し*stock*
　全量(66ページ)
さやいんげん　150g
ミニトマト　3個
蛸の煮汁　大さじ1
醤油　大さじ1
バター　20g
塩　適量

〖下準備〗

*stock*は冷凍してある場合は、袋ごと水につけて解凍し、66℃より少し低めの湯で温める。

〖作り方〗

1. 蛸は汁気をふいて小さめの乱切りにする。さやいんげんは筋を取って塩を入れた湯でさっと茹で、ミニトマトは半分に切る。

2. フライパンにバターを中火で熱し、バターが色づいたら、*1*、蛸の煮汁、醤油を加えてさっと炒め合わせる。

66℃ ホワイトアスパラガス*stock*

→ アスパラガス ラヴィゴットソース（70ページ）
→ アスパラガス焼き（70ページ）

ホワイトアスパラガスは普通に茹でると、旨みが茹で汁に流れてしまいますが、低温調理なら旨みもそのまま閉じ込めることができます。香りがある皮を一緒に加熱するのがポイントです。

〚材料〛作りやすい分量
ホワイトアスパラガス　10本
塩　3g
水　1カップ

〚作り方〛
1. ホワイトアスパラガスはピーラーで筋のある部分まで皮をむき、根元のかたい部分は切り落とす。むいた皮は取っておく。
2. 密閉袋にホワイトアスパラガスとその皮、塩、水を入れて真空にする。66℃の湯に入れ、2時間加熱する。
3. すぐに調理しない場合は氷水で冷やし、冷蔵庫か、冷凍庫で保存する。

保存期間　冷蔵庫で4〜5日、冷凍庫で1か月。

66℃

アスパラガス ラヴィゴットソース

ホワイトアスパラガスstock

〚材料〛2人分

ホワイトアスパラガス*stock*　半量(69ページ)

ラヴィゴットソース

- 茹で卵のみじん切り　1個分
- ピクルスのみじん切り　大さじ1
- イタリアンパセリのみじん切り　大さじ½
- ケイパー(酢漬け)のみじん切り　大さじ½
- グレープシードオイル(またはオリーブオイル)　大さじ2
- 白ワインビネガー　大さじ1
- マスタード　小さじ1
- 塩　少々
- 胡椒　少々

〚下準備〛

*stock*は、冷凍している場合は、
袋ごと水につけて解凍する。

〚作り方〛

1. ボウルにラヴィゴットソースの材料を入れ、泡立て器でよく混ぜる。

2. 汁気をふいたホワイトアスパラガスを皿に盛り、*1*のソースをかける。

アスパラガス焼き

ホワイトアスパラガスstock

〚材料〛2人分

ホワイトアスパラガス*stock*
半量(69ページ)

サラミ(ソフト)　2枚

粉チーズ　大さじ1

胡椒　少々

オリーブオイル　少々

〚下準備〛

*stock*は、冷凍している場合は、
袋ごと水につけて解凍し、室温に戻す。

〚作り方〛

1. ホワイトアスパラガスは汁気をふき、オリーブオイルを薄く塗ったアルミホイルにのせる。

2. *1*にサラミをのせ、粉チーズと胡椒をふり、オーブントースターで5分ほどこんがりと焼く。

Chapter 3

77℃

77℃は上級者向けの料理になります。コラーゲンの多い部位もホロッと煮崩れるほどやわらかく仕上がり、テリーヌやコンフィも完璧な火入れが可能です。また、卵の場合は25分の加熱で白身はやわらかく、黄身の中心が色鮮やかな絶品茹で卵が作れます。

77℃ 牛タンstock

→厚切り牛タンのグリル(73ページ)
→タンシチュー(75ページ)

牛タンは部位によってかたさや脂肪分が異なります。よく動かす先端はキメが細かく弾力があり、つけ根部分にいくに従って脂肪が多くなり、全体はコラーゲンたっぷり。そんな牛タンは77℃でじっくり火を通すこと。煮崩れせずに、しかもやわらかく仕上がります。シンプルに焼くだけでも、シチューにしても絶品です。

〚材料〛作りやすい分量
牛タン(皮むき)　小1本
塩　牛タンに対して1%
胡椒　適量
タイム　3本
ローリエ　1枚
焦がしバター
　大さじ1(13ページ)

〚作り方〛
1. 牛タンは全体にピケをして塩と胡椒をまぶす。
2. 密閉袋に1と残りの材料を入れて真空にし、77℃の湯に入れて5時間加熱する。
3. すぐに調理しない場合は氷水で冷やし、冷蔵庫か、冷凍庫で保存する。

保存期間　冷蔵庫で4～5日、冷凍庫で1か月。

厚切り牛タンのグリル

牛タンstock

〖材料〗2人分

牛タン*stock*（1.5cm厚さ）　4枚
オリーブオイル　適量
粒マスタード　適量

〖下準備〗

*stock*は冷凍してある場合は、
袋ごと水につけて解凍し、
77℃より少し低めの湯で温める。

〖作り方〗

1. 牛タンは汁気をふき、オリーブオイルを塗る。
2. グリルパンを強火で熱し、十分に温まったら、牛タンの両面を格子模様をつけながらこんがり焼く。
3. 皿に盛り、粒マスタードを添える。

77℃

タンシチュー

牛タンstock

〖材料〗2人分

牛タン*stock*(1.5㎝厚さ)　4枚(72ページ)

赤ワイン　300mℓ

デミグラスソース　150g

熱湯　½カップ

バター　適量

小玉ねぎのグラッセ

- 小玉ねぎ　4〜5個
- バター　5g
- 砂糖　小さじ1強
- 塩　少々

〖下準備〗

*stock*は冷凍してある場合は、袋ごと水につけて解凍する。

〖作り方〗

1. 小玉ねぎのグラッセを作る。
   小玉ねぎは塩を入れた湯でやわらかくなるまで茹でる。
   小鍋にバターと砂糖を入れ、弱火にかけて茶色く色づいたら
   茹でた小玉ねぎを加えて煮る。
2. 赤ワインは鍋に入れて大さじ2になるまで中火で煮詰める。
   デミグラスソースはボウルに入れ、熱湯で溶く。
3. フライパンにバターを中火で熱し、
   バターが色づいてきたら、
   汁気をふいた牛タンを入れ、両面をこんがり焼く。
4. 2のデミグラスソースを加えて軽く煮込み、
   最後に煮詰めた赤ワインを加えて混ぜる。
5. 皿に盛り、小玉ねぎのグラッセを添える。

77℃

77℃

ココットのテリーヌstock

→ テリーヌのオーブン焼き(77ページ)

→ カスクルート(79ページ)

手のかかるテリーヌも驚くほど手軽に、おいしく作れます。ココット型に入れたまま低温調理するので、作っておけば、急なおもてなしや、持ち寄りパーティーにも持って行きやすいのがよいところ。レバー、ハムの角切り、きのこのソテー、いちじくやプルーンなどのドライフルーツを加えるなど、様々なバリエーションでアレンジを広げてみてください。

〚材料〛直径8cm×高さ5cmのココット4個分

豚肩ロース肉　400g

玉ねぎ　60g

バター　20g

赤ワイン　40mℓ

ブランデー　大さじ1

デミグラスソース　30g

ミックスナッツ(素焼き)の粗みじん切り　大さじ1

キャトルエピス(またはナツメグ)　少々

塩　3g

胡椒　適量

ローリエ　小4枚

〚作り方〛

1. バター半量をココットの内側に塗る。豚肉と玉ねぎはみじん切りにする。
2. フライパンに残りのバターを中火で熱し、バターが色づいてきたら、玉ねぎを入れて軽く炒め、赤ワイン、ブランデー、デミグラスソースを加えて混ぜ、ボウルに移して冷ます。
3. 冷めたら*1*の豚肉、ミックスナッツ、キャトルエピス、塩、胡椒を加えてよく混ぜ、4等分して空気を抜きながらココットに詰める。
4. ローリエを1枚ずつのせてラップで器全体を包む。ラップで包んだ器をひとつずつ密閉袋に入れて真空にし、77℃の湯に入れて1時間加熱する。
5. すぐに調理しない場合は氷水で冷やし、冷蔵庫か、冷凍庫で保存する。

保存期間　冷蔵庫で4～5日、冷凍庫で1か月。

テリーヌのオーブン焼き

ココットのテリーヌstock

〖材料〗2人分

ココットのテリーヌ*stock*　2個

〖下準備〗

*stock*は冷凍してある場合は、袋ごと水につけて解凍し、77℃より少し低めの湯で温める。

〖作り方〗

1. ココットの周りについた脂をふき、オーブントースターに器ごとのせ、8分ほどこんがり焼く。

77℃

カスクルート

ココットのテリーヌstock

〖材料〗2人分

ココットのテリーヌ*stock*　1個（76ページ）

ミニバゲット 2本

マスタードバター

- バター　10g（室温に戻す）
- 粒マスタード　大さじ1

ピクルス　適量

好みのチーズ　適量

〖下準備〗

*stock*は冷凍してある場合は、
袋ごと水につけて解凍する。

〖作り方〗

1. テリーヌの表面のかたまった白い脂を
こそげて1cm厚さに切る。
マスタードバターの材料は混ぜる。
ピクルスとチーズは2mm厚さに切る。

2. ミニバゲットに切り込みを入れ、
マスタードバターを塗り、
テリーヌ、チーズ、ピクルスを挟む。

77℃ 牡蠣のコンフィstock

香味オイル(13ページ)で香ばしさを纏わせた牡蠣のコンフィ。ふっくらと濃厚な味わいを楽しめます。

〚材料〛作りやすい分量

牡蠣　300g
薄力粉　大さじ2
オイスターソース　小さじ2
香味オイル　大さじ1(13ページ)

〚作り方〛

1. 牡蠣は薄力粉をまぶして汚れを洗い、水気をふく。
2. 密閉袋にすべての材料を入れて真空にし、77℃の湯に入れて30分加熱する。
3. すぐに調理しない場合は氷水で冷やし、冷蔵庫か、冷凍庫で保存する。

保存期間　冷蔵庫で4〜5日、冷凍庫で1か月。
食べる際は、袋ごと水につけて解凍する。

77℃ わかさぎのコンフィstock

わかさぎは小さいので、2時間の加熱で骨までやわらかくなります。焦がしバター(13ページ)を使っても。

〚材料〛作りやすい分量

わかさぎ　20尾(200g)
塩　1.5%(3g)
胡椒　適量
ディル　1茎
グレープシードオイル
(またはオリーブオイル)　大さじ3

〚作り方〛

1. わかさぎはうろこを包丁で軽くこそげて洗い、水気をふく。
2. 密閉袋に残りの材料とともに入れて真空にし、77℃の湯に入れて2時間加熱する。
3. すぐに調理しない場合は氷水で冷やし、冷蔵庫か、冷凍庫で保存する。

保存期間　冷蔵庫で4〜5日、冷凍庫で1か月。
食べる際は、袋ごと水につけて解凍し、油で表面を焼いても。

77℃ オイルサーディンstock

コンフィや、お酒のおともになるストックは少し多めの1.5%の塩分量に。骨を食べない場合は、20分の加熱でも。

〚材料〛作りやすい分量

鰯　4尾
塩　1.5%(内臓処理後200gに対して3g)
胡椒　少々
米油　大さじ2
にんにく　1かけ
しょうが　½かけ
セロリ　少々

〚作り方〛

1. 野菜類は薄切りにする。鰯は塩適量(分量外)をふり、10分ほどしたら湯通しして水気をふく。
2. 鰯に塩と胡椒をまぶす。残りの材料とともに密閉袋に入れて真空にし、77℃の湯に入れて4時間加熱する。
3. すぐに調理しない場合は氷水で冷やし、冷蔵庫か、冷凍庫で保存する。

保存期間　冷蔵庫で4〜5日、冷凍庫で1か月。
食べる際は、袋ごと水につけて解凍し、油で表面を焼いても。

77℃

77℃

塩鮭stock

→ 鮭のねぎ味噌マヨ焼き（下記）

お弁当にも重宝する塩鮭のストック。そのまま焼いたり、フライ、グラタンにしたりと、アレンジしやすいです。

〚材料〛2人分

鮭　2切れ（200g）

塩　0.5％（1g）

酒　小さじ1

〚作り方〛

1. 鮭は塩適量（分量外）をふる。10分ほどしたら流水で洗い、水気をふく。
2. 鮭に塩と酒をまぶす。密閉袋に入れて真空にし、77℃の湯に入れて15分加熱する。
3. すぐに調理しない場合は、氷水で冷やし、冷蔵庫か、冷凍庫で保存する。

保存期間　冷蔵庫で4～5日、冷凍庫で1か月。

鮭のねぎ味噌マヨ焼き

塩鮭stock

〚材料〛2人分

塩鮭stock　全量

マヨネーズ　大さじ1

味噌　小さじ1

長ねぎの粗みじん切り　大さじ2

菜の花　適量

塩　適量

〚下準備〛

stockは冷凍してある場合は、袋ごと水につけて解凍する。

〚作り方〛

1. マヨネーズ、味噌、長ねぎの粗みじん切りを混ぜる。
2. 塩鮭は汁気をふき、アルミホイルに並べ、*1*を表面に塗る。
3. 魚焼きグリル、またはオーブントースターでこんがり色づくまで4分ほど焼く。
4. 皿にのせ、塩茹でした菜の花を添える。

Chapter 4

88℃

肉料理というイメージの低温調理ですが、88℃なら大根、じゃがいもなどペクチンの多い、いも類も煮崩れすることなく、旨みをぎゅっと閉じ込めて加熱できます。ペクチンの多い野菜を低温調理でストックしておけば、スープや和え物など、忙しい中でも手軽に野菜を摂ることができます。

88℃ にんじんstock

→にんじんのポタージュ(85ページ)
→にんじんのピーナッツ和え(85ページ)

水分の少ないにんじんは、水を加えて密閉します。炒め玉ねぎ(13ページ)などと一緒に加熱すれば、深みが出て、スープにしても、和え物にしても美味。

〚材料〛作りやすい分量

にんじん　300g(正味)
塩　小さじ½
水　¼カップ

〚作り方〛

1. にんじんは皮をむき、3㎜厚さの輪切りにする。
2. 密閉袋にすべての材料を入れて真空にし、88℃の湯に入れて1時間加熱する。
3. すぐに調理しない場合は、冷水で冷やし、冷蔵庫か、冷凍庫で保存する。

保存期間　冷蔵庫で4～5日、冷凍庫で1か月。

にんじんのポタージュ
にんじんstock

〖材料〗2人分
にんじん*stock*　半量
熱湯　1カップ
炒め玉ねぎ　50g（13ページ）
チキンブイヨンの素　小さじ⅓
塩　少々
胡椒　少々
ピスタチオナッツ　適量
オリーブオイル　適量

〖下準備〗
*stock*は冷凍してある場合は、
袋ごと水につけて解凍する。

〖作り方〗
1. ミキサーに汁気をきったにんじん、熱湯、炒め玉ねぎ、チキンブイヨンの素を入れて滑らかになるまで撹拌する。
2. 塩と胡椒で味を調えて器に盛る。
3. ピスタチオナッツを散らして胡椒少々（分量外）をふり、オリーブオイルを垂らす。

にんじんのピーナッツ和え
にんじんstock

88℃

〖材料〗2人分
にんじん*stock*　半量
にんじんの煮汁　大さじ2
ピーナッツバター　大さじ2
醤油　小さじ1
砂糖　小さじ1

〖下準備〗
*stock*は冷凍してある場合は、
袋ごと水につけて解凍する。

〖作り方〗
1. ボウルににんじんの煮汁、ピーナッツバター、醤油、砂糖を入れて混ぜる。
2. 汁気をふいたにんじんを加え、軽く和える。

88℃ キャベツ*stock*

→焼きキャベツ（下記）
→キャベツのスープ（87ページ）

キャベツのストックは、いろんな料理にアレンジができます。豚肉と一緒にスープで煮たり、汁気をきって軽くバターでソテーすれば、肉料理のつけ合わせにもぴったりです。

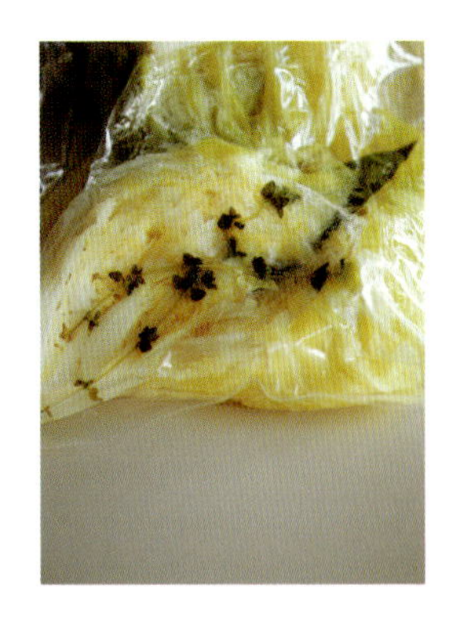

〚材料〛作りやすい分量
キャベツ　½個（500g）
塩　小さじ1弱
胡椒　少々
タイム　2本
ローリエ　1枚

〚作り方〛
1. キャベツは芯から4等分のくし形切りにする。
2. 密閉袋にすべての材料を入れて真空にし、88℃の湯で1時間加熱する。
3. すぐに調理しない場合は、冷水で冷やし、冷蔵庫か、冷凍庫で保存する。

保存期間　冷蔵庫で4〜5日、冷凍庫で1か月。

焼きキャベツ

キャベツ*stock*

〚材料〛2人分
キャベツ*stock*　半量
にんにく　1かけ
バター　15g
白ワイン　大さじ2
キャベツの煮汁　大さじ2
醤油　小さじ½

〚下準備〛
*stock*は冷凍してある場合は、袋ごと水につけて解凍し、88℃より少し低めの湯で温める。

〚作り方〛
1. にんにくは薄切りにする。キャベツは汁気をふく。
2. フライパンにバターとにんにくを入れて中火で熱し、キャベツを並べる。
3. こんがり焼き色がついたら裏返して両面焼き色をつけ、白ワイン、キャベツの煮汁、醤油を加えてさっと絡める。

キャベツのスープ

キャベツstock

〚材料〛2人分
キャベツ*stock*　半量
玉ねぎ　¼個
ベーコン（スライス）　1枚
オリーブオイル　小さじ1
チキンブイヨンの素
　小さじ1
水　2カップ
塩　少々
胡椒　少々
卵　2個

〚下準備〛
*stock*は冷凍してある場合は、袋ごと水につけて解凍する。

〚作り方〛
1. キャベツは汁気をきって2cm幅に、
玉ねぎは1cm角に切る。ベーコンは1cm幅に切る。
2. 鍋にオリーブオイルを中火で熱し、玉ねぎとベーコンを炒める。
3. キャベツ、チキンブイヨンの素、水を加えて10分ほど煮込み、
塩と胡椒で味を調える。
4. ポーチドエッグを作る。耐熱カップに水50mℓ（分量外）を入れて
卵1個を割り入れる。爪楊枝で黄身に穴を開け、
ラップを軽く被せて600Wの電子レンジで1分半加熱する。
同様にもう1個も作る。
5. 器にスープを盛り、ポーチドエッグをのせ、胡椒少々（分量外）をふる。

88℃

88℃ 大根*stock*

→ 大根のソテー アンチョビ添え（89ページ）

→ 洋風大根おでん（89ページ）

火の通りにくい野菜の代表格、大根。でも低温調理なら、煮崩れ、水分の蒸発を気にすることなく、しっとり火が通ります。手羽元や、骨のある魚などと煮つけたり、甘味噌をかけて食べても。

〚材料〛作りやすい分量

大根　500g（正味）
塩　小さじ1弱
胡椒　少々
チキンブイヨンの素　小さじ1
水　2カップ
タイム　2本
ローリエ　1枚

〚作り方〛

1. 大根は2cm厚さの輪切りにし、角を面取りして両面に隠し包丁で切り込みを入れる。
2. 密閉袋にすべての材料を入れて真空にし、88℃の湯に入れて1時間20分加熱する。
3. すぐに調理しない場合は、冷水で冷やし、冷蔵庫か、冷凍庫で保存する。

保存期間　冷蔵庫で4～5日、冷凍庫で1か月。

大根のソテー アンチョビ添え

大根stock

〖材料〗2人分

大根stock　4個
アンチョビフィレ　4枚
オリーブオイル　小さじ1
バター　10g
胡椒　少々
ルッコラ　適量

〖下準備〗

stockは冷凍してある場合は、袋ごと水につけて解凍し、88℃より少し低めの湯で温める。

〖作り方〗

1. フライパンにオリーブオイルとバターを中火で熱し、汁気をふいた大根を並べる。
2. 両面をこんがり焼いたら皿に盛り、アンチョビフィレをのせて胡椒をふり、ルッコラを添える。

洋風大根おでん

大根stock

〖材料〗2人分

大根stock　4個
大根の煮汁　2カップ
ミニトマト　4個

〖下準備〗

stockは冷凍してある場合は、袋ごと水につけて解凍する。

〖作り方〗

1. 鍋にすべての材料を入れて中火にかける。大根が温まり、ミニトマトの皮が弾けたら器に盛る。

88℃

88℃ じゃがいもstock

→ ビシソワーズ（下記）

じゃがいものブイヨン煮があれば、グラタン、カレーも手軽に作れます。そのままバターで香ばしく焼いても。

〚材料〛作りやすい分量

じゃがいも　250g（正味）
塩　小さじ½
胡椒　少々
炒め玉ねぎ　50g（13ページ）
チキンブイヨンの素
　小さじ1
水　2カップ

〚作り方〛

1. じゃがいもは皮をむき、5mm厚さの輪切りにする。さっと水にさらして水気をきる。
2. 密閉袋にすべての材料を入れて真空にし、88℃の湯に入れて50分加熱する。
3. すぐに調理しない場合は、冷水で冷やし、冷蔵庫か、冷凍庫で保存する。

保存期間　冷蔵庫で4～5日、冷凍庫で1か月。

ビシソワーズ

じゃがいもstock

〚材料〛2人分

じゃがいもstock　半量
じゃがいもの煮汁　350mℓ
牛乳　½カップ
生クリーム　大さじ2
塩　少々
胡椒　少々
オリーブオイル　適量

〚下準備〛

stockは冷凍してある場合は、袋ごと水につけて解凍する。

〚作り方〛

1. ミキサーにじゃがいも、じゃがいもの煮汁、牛乳、生クリームを入れて滑らかになるまで攪拌する。
2. 塩と胡椒で味を調えて器に盛り、オリーブオイルを垂らす。

Chapter 5

44℃

魚介のタンパク質は40℃前後でねっとりした食感に変化します。44℃で加熱すると、生食用の魚や、イカ、蛸であれば、磯の香りはそのままに生臭みがなくなり、もろっとしたとろけるような舌触りに変身します。サーモンやマグロのディップにも最適です。

44℃ たらこのハーブオイルstock

→たらこパスタ(93ページ)

このたらこのストックはそのままバゲットにのせて食べても美味。生臭さが取れ、ハーブの香りが楽しめます。粉唐辛子、塩昆布、煮きりみりんなどと一緒に調理すれば、自家製明太子になります。

〖材料〗作りやすい分量
たらこ　2腹
柚子の皮　¼個分
ローズマリー　1本
オリーブオイル　大さじ3

〖作り方〗

1. 密閉袋にすべての材料を入れて真空にし、44℃の湯に入れて30分加熱する
2. すぐに調理しない場合は氷水で冷やし、冷蔵庫か、冷凍庫で保存する。

保存期間　冷蔵庫で2〜3日、冷凍庫で1か月。

たらこパスタ

たらこのハーブオイルstock

〚材料〛2人分

たらこのハーブオイルstock　半量
フェデリーニ（1.4㎜）　150g
青じそ　2枚
柚子の皮　¼個分
焦がしバター　大さじ1（13ページ）
オリーブオイル　大さじ1
塩　適量
胡椒　少々

〚下準備〛

stockは冷凍してある場合は、
袋ごと水につけて解凍する。

〚作り方〛

1. 青じそと柚子の皮はせん切りにする。
たらこは油をふき、薄皮を取り除く。
2. フェデリーニは表示通りに塩茹でする。
3. ボウルに焦がしバター、オリーブオイル、
1のたらこ、水気をきった茹で立ての
パスタを入れてよく和える。
茹で汁で濃度を調整し、塩で味を調える。
4. 器に盛り、青じそと柚子の皮を散らし、胡椒をふる。

44℃

44℃ かぶの柚子風味*stock*

手軽な漬け物は、あと一品欲しいときや、お酒のおともにもあると便利。野菜が中途半端に余ってしまったり、食べきれないときに作っておくと便利です。

〚材料〛作りやすい分量

かぶ　2個(160g)

塩　1%(1.6g)

柚子の皮　1/6個分

オリーブオイル　大さじ1

〚作り方〛

1. かぶは茎を3cmほど残して皮をむき、茎ごと薄切りにする。
2. 密閉袋にすべての材料を入れて真空にし、44℃の湯に入れて40分加熱する。
3. すぐに調理しない場合は、冷水で冷やし、冷蔵庫か、冷凍庫で保存する。

保存期間　冷蔵庫で2～3日、冷凍庫で1か月。食べる際は、袋ごと水につけて解凍する。

44℃ ヒラメの昆布〆*stock*

生食用の魚がおいしい昆布〆になります。盛り合わせで売られている刺身を使うと手軽です。昆布の香りが魚に移り、上品な味わいになります。

〚材料〛作りやすい分量

ヒラメ(生食用)　1枚(150g)

塩　1%(1.5g)

昆布　10cm×2枚

煮きり酒　大さじ1

〚作り方〛

1. 昆布は表面を濡れフキンで軽くふき、煮きり酒を全体にふって戻す。
2. ヒラメに塩をふり、昆布に挟んで密閉袋に入れて真空にする。
3. 44℃の湯に入れて30分加熱する。
4. すぐに調理しない場合は、氷水で冷やし、冷蔵庫か、冷凍庫で保存する。

保存期間　冷蔵庫で2日、冷凍庫で2週間。食べる際は、袋ごと水につけて解凍する。

44℃ ねっとりイカ stock

→ イカのカルパッチョ（下記）

生食用のイカも低温調理でさらにおいしくなります。旨みが増し、ねっとりとした食感になります。生食用の生蛸でもおいしく作れます。

〖材料〗作りやすい分量

イカ（生食用）　160g

塩　0.5％（ひとつまみ）

イタリアンパセリ　少々

〖作り方〗

1. イカは塩をふり、イタリアンパセリとともに密閉袋に入れて真空にし、44℃の湯に入れて30分加熱する。

2. すぐに調理しない場合は、氷水で冷やし、冷蔵庫か、冷凍庫で保存する。

保存期間　冷蔵庫で2日、冷凍庫で2週間。

イカのカルパッチョ

ねっとりイカ stock

〖材料〗2人分

ねっとりイカ *stock*　全量

イタリアンパセリ　適量

オリーブオイル　適量

ピンクペッパー　適量

粗塩　適量

〖下準備〗

stock は冷凍してある場合は、袋ごと水につけて解凍する。

44℃

〖作り方〗

1. イカは汁気をふいてそぎ切りにして皿に盛り、ざく切りにしたイタリアンパセリをのせる。オリーブオイルを回しかけ、ピンクペッパーと粗塩を散らす。

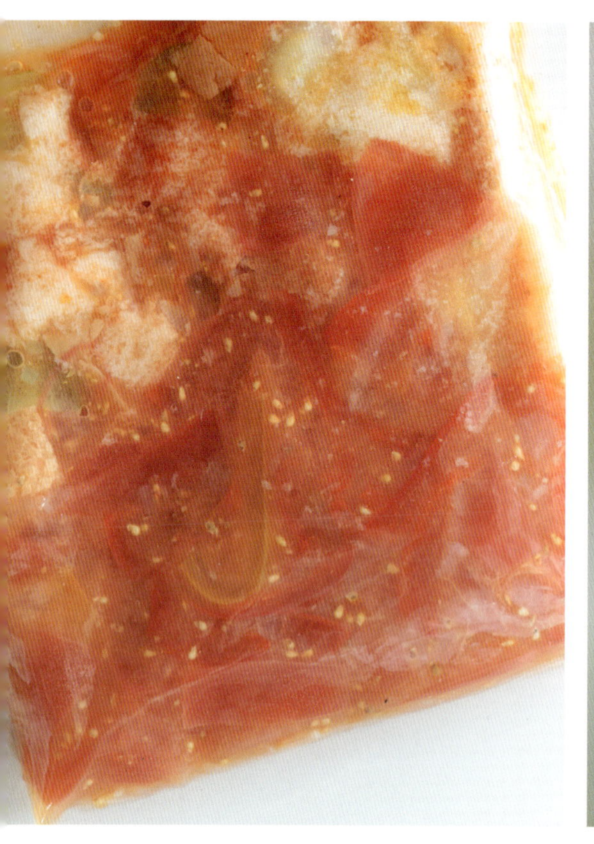

44℃ ガスパチョ stock

グルタミン酸豊富なトマトをふんだんに使ったガスパチョ。夏場や、食欲が落ちたときなどにも、野菜をたくさん摂取できるのでおすすめです。

〚材料〛4人分

トマト　250g
きゅうり　1/3本
赤パプリカ　1/4個
にんにく　1/4かけ
玉ねぎ　30g
りんご　30g
バゲット　3cm
トマトペースト　5g
赤ワインビネガー　少々
オリーブオイル　大さじ2
塩　小さじ1弱
胡椒　少々

〚作り方〛

1. きゅうりはピーラーで皮をむき、残りの食材とともに粗く刻む。
   バゲットも同様に切る。
2. 密閉袋にすべての材料を入れて真空にし、
   44℃の湯に入れて30分加熱する。
3. すぐに調理しない場合は、冷水で冷やし、
   冷蔵庫か、冷凍庫で保存する。
4. 食べる際は、冷水120mℓ程度（分量外）とともにミキサーで
   滑らかになるまで攪拌する。
   好みできゅうりやパプリカの粗みじん切り（分量外）を散らす。

保存期間　冷蔵庫で2〜3日、冷凍庫で1か月。

Dessert

かぼちゃやさつまいも、いちご、きんかんなど、ペクチンを多く含む食材は88℃で加熱します。ただしペクチンは冷えるとかたくなるので、ぬるま湯で温めてから使ってください。またデザートの章では、温度管理の難しいチョコレートのテンパリング方法も紹介します。

Dessert ぶどうのレモン煮 *stock*

旬の果物を使って作ってみてください。
桃、洋梨、すいか、パイナップル、プラム、
オレンジなど、ペクチンを多く含む果物
なら、同様に作れます。

〚材料〛作りやすい分量

ぶどう（皮ごと食べられるもの）　200g

グラニュー糖　10g

レモン果汁　10mℓ

〚作り方〛

1. ぶどうは枝から外して洗い、生り口を少し切り落とす。
2. 密閉袋にすべての材料を入れて真空にし、88℃の湯に入れて20分加熱する。
3. すぐに調理しない場合は、冷水で冷やし、冷蔵庫か、冷凍庫で保存する。

保存期間　冷蔵庫で4〜5日、冷凍庫で1か月。食べる際は、袋ごと水につけて解凍し、そのまま食べたり、炭酸水で割っても。

Dessert いちごソースstock

→いちごのパンナコッタ(101ページ)

果実感たっぷりのいちごソース。ヨーグルトやアイスクリームにかけたり、パンナコッタなど手軽なデザートにもアレンジできます。冷えると少しかたくなるので、そのときはぬるま湯につけてやわらかくしてから使ってください。

〚材料〛作りやすい分量

いちご　1パック(280g)
グラニュー糖　60g
バニラビーンズ　¼本
レモンの輪切り　1枚

〚作り方〛

1. いちごはヘタを取り除く。
   残りの材料とともに密閉袋に入れて真空にし、88℃の湯に入れて20分加熱する。
2. すぐに調理しない場合は、冷水で冷やし、冷蔵庫か、冷凍庫で保存する。

保存期間　冷蔵庫で4～5日、冷凍庫で1か月。

いちごのパンナコッタ

いちごソースstock

〚材料〛小さなグラス4個分

いちごソース*stock*　適量

パンナコッタ

- いちごの煮汁　大さじ2
- 生クリーム　1カップ
- 粉ゼラチン　3g
- 水　20mℓ

〚下準備〛

*stock*は冷凍してある場合は、袋ごと水につけて解凍し、
88℃より少し低めの湯で温める。

〚作り方〛

1. パンナコッタを作る。ゼラチンは分量の水を混ぜて10分ほど置く。

2. 鍋に生クリームを入れて中火にかけ、
沸いたら火を止め、ふやかしたゼラチンを加えて溶かす。

3. いちごの煮汁を加えて混ぜたら、ボウルに移す。
氷水を当てて冷やし、軽くとろみがついたらグラスに流す。

4. 冷蔵庫に入れて冷やしかため、いちごソースをかけて食べる。

Dessert さつまいもの丸ごとstock

→ スイートポテト（103ページ）

丸ごとのさつまいもでも、低温調理なら中までしっとりやわらかくなります。適当な大きさに切ってから素揚げしたり、生クリームやラム酒と混ぜてスイートポテトにアレンジしても。

〚材料〛作りやすい分量

さつまいも　1本（300g）

〚作り方〛

1. さつまいもは皮ごとよく洗う。密閉袋に入れて真空にし、88℃の湯に入れて1時間20分加熱する。

2. すぐに調理しない場合は、冷水で冷やし、冷蔵庫で保存する。

保存期間　冷蔵庫で4～5日。

スイートポテト

さつまいもの丸ごと*stock*

〚材料〛4個分

さつまいもの丸ごと*stock*　全量
砂糖　10g
バター　10g
生クリーム　20mℓ
ラム酒　小さじ1
溶き卵　10g
つや出し用の溶き卵　少々

〚下準備〛

*stock*は88℃より少し低めの湯で温める。

〚作り方〛

1. さつまいもは両端を100g切り落とす。
残りは縦半分に切ってさらに半分の長さに切る。

2. 切り落としたさつまいもは皮をむいて裏漉しする。
温かいうちに砂糖とバターを加えて混ぜ、
生クリーム、ラム酒、溶き卵を加えて混ぜる。

3. 丸口金をつけた絞り袋に*2*を入れ、
さつまいもの断面に均等に絞る。

4. オーブンプレートに*3*を並べ、つや出し用の溶き卵を塗り、
オーブントースターで焼き色がつくまで8分ほど焼く。

Dessert かぼちゃ蒸しstock

→ かぼちゃのモンブラン （105ページ）

しっとりと火が通ったかぼちゃがあれば、モンブランも手軽に作れます。今回はデザートにアレンジしましたが、挽き肉あんをかけたり、ポタージュや、つぶしてサラダにしたりと、料理にも重宝します。

〚材料〛作りやすい分量

かぼちゃ　300g

〚作り方〛

1. かぼちゃは種とワタを取り除き、3cm幅のくし形切りにする。密閉袋に入れて真空にし、88°Cの湯に入れて1時間加熱する。

2. すぐに調理しない場合は、冷水で冷やし、冷蔵庫か、冷凍庫で保存する。

保存期間　冷蔵庫で4〜5日、冷凍庫で1か月。

かぼちゃのモンブラン

かぼちゃ蒸しstock

〖材料〗4個分
かぼちゃ蒸しstock
　180g（正味）
砂糖　40g
バター　40g
ブランデー　大さじ1
ホイップクリーム
　生クリーム　80mℓ
　砂糖　15g
市販のカップケーキ　4個

〖下準備〗
stockは冷凍してある場合は、袋ごと水につけて解凍し、
88℃より少し低めの湯で温める。

〖作り方〗
1. かぼちゃは皮を取り除き、裏漉しする。
温かいうちに砂糖とバターを混ぜ、ブランデーを加える。
2. 氷水を当てたボウルにホイップクリームの材料を入れ、
8分立てのホイップクリームを作る。⅓量を1に混ぜ、
モンブラン用の口金をつけた絞り袋に入れる。
3. 残りのホイップクリームは9分立てにし、
丸口金をつけた絞り袋に入れて
ドーム型になるようにカップケーキの上に丸く絞る。
その上に2のクリームを左右に往復させて絞り、
向きを変えて下の線と垂直に同様に絞って重ねる。
冷蔵庫で10分ほど冷やす。

Dessert ホットワインstock

→ サングリア（107ページ）

アルコール分はそのままに、しっかりスパイスの香りを移すことができるのは低温調理ならでは。実は低温調理、大きな瓶ごと温めることも可能。大人数の日本酒のお燗も楽しめます。ぬる燗なら40℃、熱燗なら50℃が目安です。

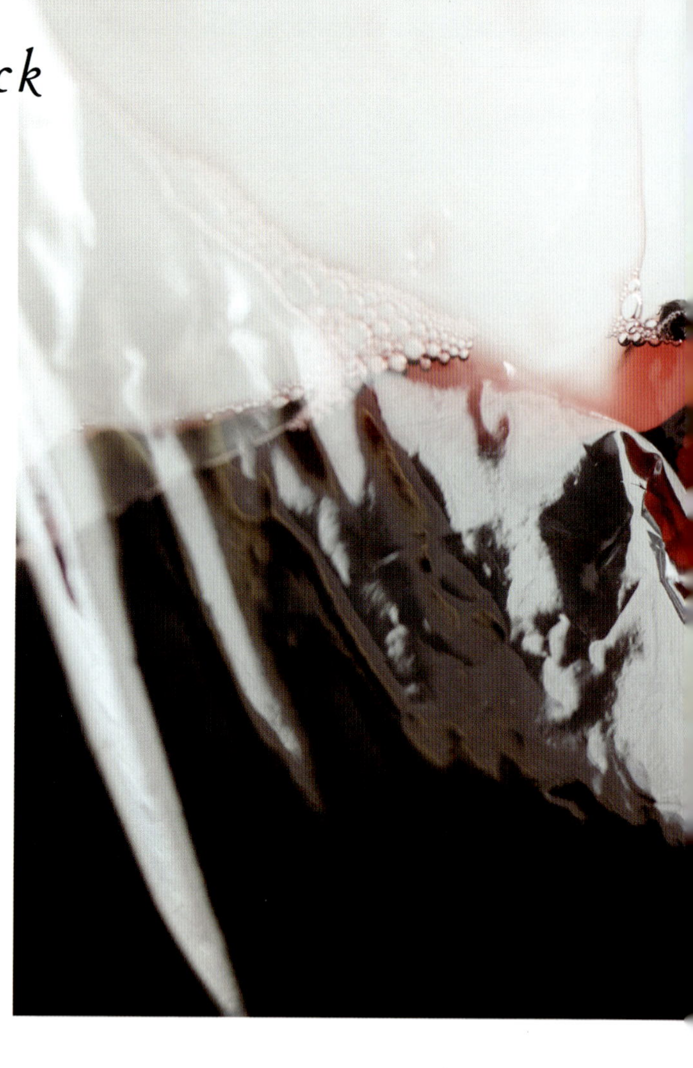

〚材料〛作りやすい分量

赤ワイン　3カップ
はちみつ　50g
クローブ　2本
シナモンスティック　1本
黒胡椒　8粒
ジュニパーベリー　5粒
オールスパイス　1粒

〚作り方〛

1. 密閉袋にすべての材料を入れて真空にし、88℃の湯で20分加熱する。
2. すぐに飲まない場合は、冷水で冷やし、冷蔵庫か、冷凍庫で保存する。

保存期間　冷蔵庫で4～5日、冷凍庫で1か月。

サングリア

ホットワインstock

〚材料〛作りやすい分量

ホットワインstock　全量
りんご　½個
オレンジ　½個
ライム　¼個
レモン　¼個

〚下準備〛

stockは冷凍してある場合は、袋ごと水につけて解凍する。

〚作り方〛

1. りんご、オレンジ、ライム、レモンは皮つきのまま薄い輪切りにする。
2. すべての材料を容器に入れて混ぜ、冷蔵庫で1時間ほど冷やす。

Tempering

チョコレートのテンパリング

テンパリングすると、つややかでやわらかい口当たり、滑らかな口溶けのチョコレートに仕上がります。温度管理が難しいとされていますが、低温調理器なら温度設定を変えるだけ。チョコレートのメーカーによって、温度が違うので、確認してから行いましょう。

＊下記を参考にする。今回はヴァローナ使用。
https://www.cuoca.com/library/contents/contents_tenparing_ondo.html

〚材料〛
ブラックチョコレート（スイート）のタブレット
ホワイトチョコレートのタブレット

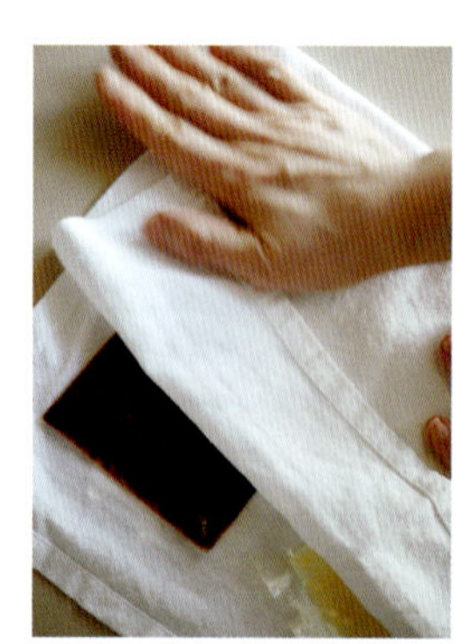

point
チョコレートは水滴が少しでも入ると状態が悪くなる。使用する際には、しっかり水気をふいて使う。

〚ブラックチョコレートのテンパリング〛

1. ブラックチョコレート（スイート）は密閉袋に入れて真空にする。
2. 54℃の湯で10分加熱し、引き上げて溶け残りがないか、袋の上から手で確認する。
3. 溶けていたら袋を湯に戻す。湯の温度を28℃に設定し、冷水を少しずつ加えて温度を下げて28℃まで下がったらそのまま5分置く。
4. 再度湯の温度を31℃に設定し、31℃になったらそのまま5分置いてから使う。
5. 繰り返し使う場合は、再度*1*〜*4*の作業を行う。

〚ホワイトチョコレートのテンパリング〛

1. ホワイトチョコレートは密閉袋に入れて真空にする。
2. 49℃で10分加熱し、引き上げて溶け残りがないか袋の上から手で確認する。
3. 溶けていたら袋を湯に戻す。湯の温度を26℃に設定し、冷水を少しずつ加えて温度を下げて26℃まで下がったらそのまま5分置く。
4. 再度湯の温度を28℃に設定し、28℃になったらそのまま5分置いてから使う。
5. 繰り返し使う場合は、再度*1*〜*4*の作業を行う。

トリュフチョコレート

〚材料〛8個分

ガナッシュ

- ブラックチョコレートのタブレット　60g
- 生クリーム　40mℓ

ブラックチョコレートのタブレット　100g

ホワイトチョコレートのタブレット　100g

〚作り方〛

1. ガナッシュを作る。ボウルにブラックチョコレートを入れ、50℃の湯煎にかけて溶かす。

2. 小さな鍋に生クリームを入れて中火にかける。沸騰したら、2回に分けて*1*に加えて混ぜる。

3. バットに*2*を広げてラップをかけ、そのまま室温で1時間ほど置いてかため、8等分して丸める。

4. ブラックチョコレートとホワイトチョコレートを密閉袋に入れ、左ページの要領でテンパリングする。

5. 袋の水気をしっかりふき、ボウルにそれぞれ入れる。飾り用のチョコレートは袋に少し残しておく。

6. *5*のボウルに、丸めたガナッシュを半量ずつ入れてテンパリングしたチョコレートを絡める［a］。

7. *6*の表面がかたまったら、袋の端に小さな穴を開け、残しておいたチョコレートを左右に往復させて絞る［b］。

a

b

おわりに

本書では、「低温真空調理してストック」した食材を使い、
料理を1～3パターン紹介しています。
ストック食材をおいしく食べるポイントは、
「しっとりしたおいしい状態を保ったまま様々な料理に展開する」ことです。

肉や魚の温め直しは、低温真空調理した温度よりも
少し低い温度で行うのが適しています。

繊維の多い肉や魚は、
タンパク質が変性してしっとりと火が通る温度で加熱するか、
70℃以上の温度でじっくり数時間、コラーゲンをゆっくり分解しながら
繊維がやわらかくなるまで加熱するかのどちらかです。
中途半端に90℃以上の高温で数分加熱すると、
肉汁が出て、身がぐっと締まってかたくなりますので、注意してください。

肉や魚の調理は、タンパク質の熱変性の温度に近い、
川上流のゾロ目温度で分かりやすく設定していますが、
ミディアムに近いミディアムレアのステーキが好みなど、
各自好みの火の通り加減があるかと思います。
もう少し火が通ったほうが好みという場合は、
温度を少し上げてみたり、加熱時間を長くしてみたりしてください。
好みの火の通り加減を見つけながら、
低温調理を楽しんでいただけたら幸いです。

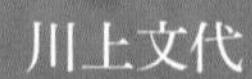
川上文代

川上文代

千葉県・館山出身。辻調理師専門学校を卒業後、同校職員として12年間勤務。フランス三ツ星レストラン〝ジョルジュ・ブラン〟での研修をはじめ、辻調理師専門学校（大阪）、同グループであるフランス・リヨン校、エコール辻東京にて、プロ料理人の育成に勤める。1996年渋谷区に「デリス・ド・キュイエール」を開設し、本格的なフレンチ、イタリアン、パティスリーを中心に、基本の家庭料理、世界の料理、オリジナリティ豊かな料理を提案する。辻調理師学校外来講師、NHKきょうの料理講師、雑誌や新聞へのレシピ掲載、企業での料理開発、南房総・館山クッキング大使としても活躍。近著に『高血圧を予防する減塩なのにおいしいレシピ』『高脂血症を予防する 肉も揚げ物もガマンしないおいしいレシピ』（ともにマイナビ出版）、『家庭料理の大革命 低温真空調理のレシピ』（グラフィック社）など多数。 https://www.delice-dc.com

装幀　塙 美奈［ME&MIRACO］
撮影　邑口京一郎
スタイリング　中里真理子
編集　小池洋子［グラフィック社］
低温調理器具問い合わせ先　株式会社池商（tel.042-795-4311）
料理アシスタント　青野晃子・是川真紀・會澤美和・赤塚奈緒美・細川勝志

家庭料理の大革命
低温真空調理のレシピ　ストック編

2019年7月25日　初版第1刷発行
2021年5月25日　初版第3刷発行

著者　川上文代
発行者　長瀬 聡
発行所　株式会社グラフィック社
〒102-0073　東京都千代田区九段北1-14-17
tel.03-3263-4318（代表）　03-3263-4579（編集）
郵便振替　00130-6-114345
http://www.graphicsha.co.jp
印刷・製本　図書印刷株式会社

定価はカバーに表示してあります。
乱丁・落丁本は、小社業務部宛にお送りください。小社送料負担にてお取り替え致します。

ISBN978-4-7661-3314-1　Printed in Japan